Gunhild von der Recke

Reizvolle Kartoffel-Gerichte

von der herzhaften Hausmannskost bis zur raffinierten Feinschmeckerei

GU
Gräfe und Unzer

Umschlagvorderseite
Ein Kartoffelgratin schmeckt köstlich als Beilage zu Fleischgerichten, ist aber auch mit einem grünen Salat eine sättigende feine Mahlzeit. Rezept Seite 48.
2. Umschlagseite
Kartoffeln und Gemüse lassen sich hervorragend kombinieren. Ein Beispiel dafür sind die Paprikakartoffeln. Rezept Seite 23.
3. Umschlagseite
Auch leckere Desserts lassen sich aus Kartoffeln zubereiten, zum Beispiel Marillenknödel. Rezept Seite 67.

CIP-Kurztitelaufnahme der Deutschen Bibliothek

Recke, Gunhild von der

Reizvolle Kartoffel-Gerichte: von d. herzhaften Hausmannskost bis zur raffinierten Feinschmeckerei / Gunhild von der Recke. – 6. Aufl. – München: Gräfe und Unzer, 1989.

ISBN 3-7742-4223-2

6. Auflage 1989, inhaltlich unveränderte Neuauflage des früheren Titels »Die besten Kartoffel-Gerichte«
© Gräfe und Unzer GmbH, München

Redaktion: Nina Andres
Herstellung: Monika Gerretz
Farbfotos: Fotostudio Teubner
Zeichnungen: Ingrid Schütz
Umschlaggestaltung: Heinz Kraxenberger
Satz und Druck: Appl, Wemding
Reproduktion: Brend'amour, Simhart & Co.
Bindung: Conzella, Pfarrkirchen

ISBN 3-7742-4223-2

Gunhild von der Recke
hat Publizistik und Theaterwissenschaft studiert und nach dem Besuch einer bekannten Münchener Schauspielschule lange Jahre erfolgreich auf der Bühne gestanden.
Nach der Geburt ihres Sohnes verlagerte sie ihr künstlerisches Können mit großem Engagement ins Küchengeschehen. Mit ihren Erfahrungen, die sie in vielen Jahren in In- und Ausland gemacht hatte, verwöhnte sie ihre Familie und viele Gäste mit immer neuen Gerichten.
Daß sie eine richtige Entscheidung traf, als sie ihr großes Hobby zum Beruf machte, beweist die Prämierung ihres ersten Buches mit einer Medaille der Gastronomischen Akademie Deutschlands sowie der große Erfolg in etlichen Fernsehauftritten, die ihre guten Ideen einem breiten Publikum zugänglich machten.

Sie finden in diesem Buch

Ein Wort zuvor

Dichter haben ihr Loblied gesungen, der Volksmund weiß treffliche Sprüche über sie zu sagen, in vielen Anekdoten und Legenden ist die Rede von ihr: von unserer guten Kartoffel. Schließlich ehrte man den vermeintlich ersten Kartoffelimporteur sogar mit einem Denkmal in der badischen Stadt Offenburg: Sir Francis Drake, Seeheld im Dienste der Königin von England, stand mit einer blühenden und knollenbehangenen Pflanze auf einem Steinsockel, der die Inschrift trug »Sir Francis Drake, der 1585 die Kartoffel nach Europa brachte. Bitteren Mangel steuert die köstliche Gottesgabe als der Armen Hilfe gegen die Not.« Das Denkmal wurde im letzten Krieg entfernt. Doch die Kartoffel blieb Volksnahrungsmittel und ist auch heute, trotz veränderter Eßgewohnheiten, nicht mehr aus unserer Küche wegzudenken und durchaus nicht nur als Beilage zu Fleisch- und Fischgerichten. Leider können viele tüchtige Hausfrauen und -männer kaum mehr als ein Dutzend verschiedene Kartoffel-Gerichte zubereiten. Das hat die Knolle nicht verdient.

Ich möchte mit diesem Buch Ihren Appetit auf Kartoffelspeisen ganz neu entfachen. Erdäpfel schmecken gut, sind gesund und unglaublich vielseitig zu verwenden. Und letztlich schonen sie auch Ihr Haushaltsbudget: wem wäre das nicht lieb und wert? Lassen Sie sich auch nicht einreden, daß Kartoffeln dick machen. 100 g mit der Schale haben nur etwa 70 Kalorien. Was Sie »dazu« essen, kann unter Umständen ganz schön ins Gewicht fallen, und die Zubereitungsart spielt natürlich auch eine große Rolle. Pommes frites und Chips, die sich in der Friteuse voll Fett gesaugt haben, sind Kalorienbomben, besonders, wenn man sie so nebenher in sich hineinknabbert. Aber sie gehören nun einmal zu den Wohlgenüssen und sind als Beilage zu einigen Gerichten die

Vollendung. Was wäre ein Gänsebraten ohne Knödel, wie schmeckten Würstchen ohne Kartoffelsalat und Rouladen ohne lockeres Püree? Gönnen Sie sich ab und zu diese herzhaften Köstlichkeiten. Mit den Joule/Kalorien-Angaben bei jedem Rezept können Sie bequem einen ausgewogenen Küchenfahrplan zusammenstellen.

Sie erfahren in diesem Küchen-Ratgeber etwas über den Einkauf von Kartoffeln, über die wichtigsten Sorten und ihre Verwendungsart, wie man Kartoffeln aufbewahrt und gut behandelt, ein paar nützliche Kniffe und einige Geschichten, die man sich von der berühmten Knolle erzählt. Und: Sie finden sowohl ganz schlichte als auch sehr raffinierte und berühmte Original-Rezepte für Suppen, Salate, Aufläufe, Soufflées und Gratins, für Kroketten und Pommes frites, Rösti und Gnocchi.

Außerdem Rezepte für köstliche Saucen und Cremes, delikate Quark- und Buttermischungen für neue Kartoffeln oder Kartoffeln aus der Folie. Ich habe aufgeschrieben, wie man feine Süßspeisen aus der Knolle zubereiten kann und schließlich auch, wie man hausgemachte Knödel oder Klöße zubereitet. Denn es gibt leidenschaftliche Köche und andere Individualisten, die davon überzeugt sind, daß Mutterns »Handgeriebene« die allerbesten sind.

Die brillanten Rezeptfotos wecken sicherlich Ihren Appetit und die Arbeitsfotos zeigen, daß auch schwierigere Rezepte problemlos nachgekocht werden können.

Und nun hinein in das Kartoffelvergnügen. Ich bin überzeugt, daß auch Sie Ihr Lieblingsgericht finden werden, ob Sie nun ein verwöhnter Feinschmecker sind oder das einfache Essen lieben. Ein Hoch auf die Kartoffel!

Ihre Gunhild von der Recke

Rund um die Kartoffel

Kartoffel-Histörchen

Wer nun eigentlich die Kartoffel nach Europa brachte, ist eine nebulöse Geschichte, in jedem Buch liest man anderes darüber. Einmal schreibt man Sir Walter Raleigh das Verdienst zu, ein andermal soll es Sir Francis Drake gewesen sein, dann wieder der Spanier Francesco Pizarro. Sicher ist, daß die Urheimat der Papa, so der peruanische Name, die Hochtäler der südamerikanischen Anden sind. Dort wurden die Knollen schon in vorgeschichtlichen Zeiten gepflanzt und kultiviert. Man nimmt an, daß es spanische Eroberer waren, die die Felder entdeckt und die Kartoffeln, botanischer Name Solanum tuberosum, erstmals um 1750 mit ihrer Armada nach Burgund und Italien eingeführt haben.

Es dauerte 100 Jahre und mehr, bis sich das Wundergemüse allgemein durchsetzen konnte. Es bedurfte harten Zwangs und listiger Einfälle der Obrigkeit, um die Bauern dazu zu bringen, Kartoffeln anzubauen. So verschenkte Friedrich der Große sogar Saatkartoffeln an seine Untertanen, und als diese dennoch nicht so recht pflanzen wollten, ließ er sie durch seine Dragoner zur Raison bringen. In Frankreich war es der Apotheker Antoine Auguste Parmentier, der den Kartoffeln zu ihrem Siegeszug verhalf. Er hatte während des Siebenjährigen Krieges in Deutschland den Wert der nahrhaften Knolle erkannt. Wieder in Paris gab er ein Bankett von zwanzig Gängen für die Prominenz, das einschließlich des Brotes, der Süßspeisen und der Liköre nur aus Kartoffeln bestand, um ihre Universalität zu beweisen. Prompt stellte ihm sein König ein sandiges Feld vor den Toren der Stadt zur Verfügung. Er bepflanzte es mit Kartoffeln und sie gediehen prächtig. Tagsüber ließ er den Acker von Soldaten scharf bewachen. Nachts, wenn die Wachen abgezogen wurden, begannen die neugierig gemachten Bauern zu mausen, legten die Kartoffeln schließlich in ihren eigenen Acker.

Das Manuskript zu diesem Küchenratgeber war fast fertig, als mir ein vergilbtes, eselsohriges Kartoffelbüchlein in die Hände fiel, dessen Lektüre mich verständlicherweise faszinierte. Sicher macht es auch Ihnen Spaß zu lesen, was die Herrschaftsköchin Marie Buchmeier vor mehr als 80 Jahren darin schrieb: »Von allen Gemüsesorten sind die Kartoffeln nächst dem Getreide wohl das wohltätigste Geschenk, welches der Schöpfer den Menschen gegeben hat.« Weiter steht zu lesen: »Noch lange nicht genug ist die mannigfache Verwertbarkeit der Kartoffel anerkannt; zwar bildet sie neben Brot die hauptsächliche Nahrung der Armen und der Reiche mag sie nicht leicht entbehren; doch begnügt man sich in der Regel damit, sie nur einfach zu kochen. Daher habe ich mir zur Aufgabe gestellt, zu zeigen, wieviel Gerichte mit ganz einfachen Zutaten herzustellen sind.« Soweit das Zitat aus der Jahrhundertwende, das wohl heute noch seine Gültigkeit hat. Aus dem Rezeptteil habe ich ein paar Kartoffelspeisen nachgekocht und natürlich abwandeln müssen, denn wenn bei der Mengenangabe für 5 Pfennig gewürfelte, abgeschmelzte Semmeln verlangt werden, reicht mir das heute nicht einmal zum Füllen eines Knödels, geschweige denn zum Bestreuen einer feinen Kartoffelsuppe. Köstlich sind auch die Namen der Gerichte. Katzengeschrei hieß das, was wir heute Bauernfrühstück nennen. Die in unserer Zeit weniger bekannten Schupfnudeln und Rupfhauben mußte ich unbedingt ausprobieren und für Sie aufschreiben.

Über den Einkauf

115 verschiedene Kartoffelsorten gibt es zur Zeit allein in der Bundesrepublik. Die Tatsache soll Sie aber nicht verwirren, denn auf 60% der Anbauflächen werden nur sieben Sorten geerntet, die die deutsche Agrarwirtschaft zum Nutzen der Konsumenten jetzt unter der Marke »Ackergold« in 2,5 kg Klarsichtbeuteln anbietet und die je nach Kochtyp durch einen grünen, roten oder blauen Streifen gekennzeichnet sind.

Grün bedeutet: festkochend, Pell- und Bratkartoffeln, Pommes frites, Salat und Kartoffelgemüse (Sorten: Hansa, Sieglinde).

Rot bedeutet: vorwiegend festkochend, geeignet für Salz-, Pell- und Bratkartoffeln, auch für Pommes frites, Salat und Suppen (Sorten: Clivia, Hele, Grata).

Blau bedeutet: mehligfestkochend, geeignet für Püree, Knödel, Kartoffelpuffer, Suppen, Eintöpfe und Kartoffelteiggerichte (Sorten: Datura, Irmgard). Die Kartoffeln im Beutel sind gleichmäßig sortiert und sauber gewaschen.

Im Laden nebenan und auf den Wochenmärkten gibt es häufig nur eine mehlige und eine speckige Sorte, meist von guter Qualität. Diese Kartoffeln werden lose, also auch in kleinen Mengen, aber unsortiert verkauft. Der Kartoffelhändler auf den ständigen Gemüsemärkten der Großstädte führt neben den bekannten Sorten aus deutschen Landen auch noch italienische und griechische Ware, er verkauft Knollen aus Tunesien, Israel und anderen Exportländern. Ein Gespräch mit dem Fachmann lohnt sich auf jeden Fall; er preist zum Beispiel die holländische Bintje als eine der besten Folienkartoffeln an und sagt Ihnen, daß sich aus den dünnen länglichen österreichischen Kipferln der feinste Kartoffelsalat zubereiten läßt. Er berät mit Sachkenntnis die junge Hausfrau, die sich an selbstgemachte Knödel heranwagen will, den Studenten, der eine preiswerte Sorte für den Eintopf sucht und auch den Snob, der Frühkartoffeln möglichst schon im März verspeisen möchte.

Wenn Sie nicht die Möglichkeit haben, aus einem reichhaltigen Angebot zu wählen, sollte Sie das nicht ärgern. Bevor ich mich mit den Finessen der Kartoffelsorten beschäftigte, bin ich blendend nur mit der mehligen und der speckigen Sorte zurechtgekommen. Das gilt auch heute noch, wenn ich nicht gerade ein besonders raffiniertes Gericht servieren will. Wichtig ist noch zu wissen, daß neue Kartoffeln sich nicht für die Zubereitung von Pommes frites, Knödeln und Kartoffelpüree eignen. Ihr Stärkegehalt ist zu gering, außerdem schmecken sie ohnehin am besten als Pellkartoffeln. Bitten Sie den Händler, Ihnen möglichst gleich große Kartoffeln einzupacken, wenn Sie Pell-, Salz- oder Dämpfkartoffeln zubereiten wollen, damit sie die gleiche Garzeit haben. Es ist ärgerlich, wenn die kleinen Kartoffeln zerkocht sind und die dicken noch einen glasigen Kern haben. Salzkartoffeln sind übrigens entschieden schmackhafter, wenn man sie vor dem Kochen nicht zerschneidet.

Über die Aufbewahrung

Kartoffeln wollen liebevoll behandelt werden, sie müssen kühl, dunkel, trocken und luftig lagern. In Wärme beginnen die Knollen schon nach kurzer Zeit zu schrumpeln. Licht begünstigt das Keimen. Auch auf Frost reagieren die Kartoffeln höchst empfindlich, die Stärke verwandelt sich dann in Zucker und sie schmecken unangenehm süß.

Frühkartoffeln, die in Mitteleuropa ab Juni auf den Markt kommen, halten sich nur bis zu 14 Tagen. Die mittelfrühe Sorte kann man 4–8 Wochen aufbewahren. Nur die Spätkartoffeln, die im Oktober geerntet werden, eignen sich zum Einkellern. Damit wären wir bei einem leidigen Thema; denn wer hat heute noch einen Keller mit der günstigen Lagertemperatur von 4° Celsius, in dem die Knollen bis zum Frühjahr überwintern können? Die meisten von uns werden sich mit einem kleinen Vorrat begnügen müssen, der in einem Korb an einem möglichst dunklen Platz aufbewahrt und zum alsbaldigen Verbrauch bestimmt ist. Wenn Sie Kartoffeln im Folienbeutel kaufen, befreien Sie sie gleich aus der Hülle. Kartoffeln in der Folie beginnen leicht zu schwitzen und feuchte Kartoffeln verderben schnell. Sollten aus ihren Kartoffeln dünne Keime sprießen, knicken Sie sie schleunigst ab, dann sind die Erdäpfel durchaus noch eßbar. Grün oder dunkel verfärbte Stellen müssen beim Schälen sorgfältig und großzügig herausgeschnitten werden, sie schmecken bitter und sind giftig.

Warum sie gesund sind

Kartoffeln schmecken gut und sind, schonend zubereitet, leicht verdaulich. Sie enthalten hochwertiges Eiweiß und fast alle Vitamine, besonders reichlich kommt das wichtige Vitamin C vor. Weiter sind wertvolle Mineralstoffe vorhanden, Kalzium und Phosphor für den Aufbau des Knochengerüstes, Kalium zur Stärkung der Muskeln und Eisen für die Blutbildung. Alle diese lebenswichtigen Stoffe sind dicht unter der Schale eingelagert, deshalb sollten die Kartoffeln möglichst dünn geschält oder besser noch in der Schale gekocht werden. Der Kohlehydratanteil in Form von Stärke beträgt bei 100 g geschälter Kartoffeln je nach Sorte 17–20 g. Der Kalorienwert ist längst nicht so hoch wie das böse Gerücht uns weismachen will, 100 g eßbare Kartoffeln enthalten nur 80 Kalorien, 100 g Weißbrot dagegen 259.

Kartoffelspeisen sind ideale Beilagen und ernährungsphysiologisch gesehen eine vorzügliche Ergänzung zu Eier-, Käse-, Fleisch- und Fischgerichten.

Wie sie zubereitet werden

Kochen, Dämpfen und Braten sind die wichtigsten Methoden, Kartoffeln zu garen. So zubereitet kommen sie entweder gleich auf den Tisch oder werden weiterverarbeitet und verfeinert.

Durch das Garen im Wasserdampf werden Kartoffeln am schonendsten zubereitet.

Pellkartoffeln

Die Kartoffeln gründlich unter fließendem Wasser abbürsten, mit kaltem Wasser bedeckt aufsetzen und je nach Größe 20–30 Minuten kochen. Wenn die Kartoffeln gar sind, das Wasser abgießen und die Kartoffeln auf der abgeschalteten Herdplatte im offenen Topf dämpfen, bis sie ganz trocken sind. Ganz gleich, wie Sie die Pellkartoffeln später weiterverarbeiten möchten, ein Lorbeerblatt oder ein Teelöffel Kümmel, dem Kochwasser zugesetzt, gibt ihnen einen pikanten Geschmack. Das gilt natürlich nicht für Kartoffeln, die für Süßspeisen verwendet werden.

Salzkartoffeln

Die Kartoffeln erst kurz vor dem Kochen möglichst dünn schälen, am besten mit einem Sparschäler. Keime, Kartoffelaugen und verfärbte Stellen herausschneiden. Die geputzten Kartoffeln waschen und in leicht gesalzenem Wasser im geschlossenen Topf garkochen. Das Wasser abgießen und die Kartoffeln im offenen Topf unter leichtem Rütteln auf der noch heißen Herdplatte trockendämpfen. Salzkartoffeln sofort servieren. Mit wenig feingehacktem Dill oder Schnittlauch oder gehackter Petersilie sehen sie besonders appetitlich aus.

Dampfkartoffeln

Das Garen in Wasserdampf ist die schonendste Methode der Kartoffelzubereitung. Dazu gibt es Spezialtöpfe mit Siebeinsatz. Dämpfkartoffeln können Sie aber auch in einem gut verschließbaren Topf garen, den Sie vorher etwa zwei cm hoch mit Wasser füllen. Die geschälten geviertelten Kartoffeln werden eingelegt, leicht gesalzen und im verschlossenen Topf weichgedämpft. Nach dem Ankochen die Hitze zurückschalten.

Die Mengenberechnung ist bei Kartoffeln nicht ganz einfach. Dem einen genügen zwei Kartöffelchen als Beilage, der andere schafft spielend ein halbes Pfund. Rechnen Sie lieber reichlich, besonders wenn Gäste kommen, denn anderswo schmeckt es bekanntlich immer besser.

Gut bemessen brauchen Sie für 4 Portionen:
Salzkartoffeln, Pellkartoffeln und Püree: je 1 kg
Kartoffelsalat und Knödel: je 800–1000 g
Pommes frites: 500–750 g
Der Küchenabfall bei Kartoffeln beträgt je nach Jahreszeit und Zubereitungsart 16–25 Prozent.

Mein Tip Kartoffeln werden heute meist so säuberlich geputzt verkauft, daß sich das erste Waschen vor dem Schälen erübrigt. Geschälte Kartoffeln müssen vor der Weiterverarbeitung gut abgespült werden; sie sollten nicht lange im Wasser liegen, weil dadurch Vitamine und Mineralstoffe verlorengehen. Pellkartoffeln müssen vor dem Kochen unter fließendem Wasser abgebürstet werden.

Kartoffelcremesuppe

Zutaten für 4 Personen:
500 g Kartoffeln · 1 Bund Suppengrün ·
1 l Fleischbrühe · Salz · weißer Pfeffer ·
1 Prise geriebene Muskatnuß · ½ Teel.
getrockneter Majoran · 1 Eßl. Butter ·
2 Eigelb · ⅛ l Sahne
Pro Person etwa 1110 Joule/265 Kalorien

● Zubereitungszeit: 40 Minuten

So wird's gemacht: Die Kartoffeln schälen
und in Würfel schneiden. Das Suppengrün
putzen und zerkleinern. Beides in der Fleischbrühe 20–25 Minuten bei mittlerer Hitze garen. • Die Suppe durch ein Sieb passieren
oder im Mixer pürieren. Bei schwacher Hitze
3 Minuten ziehen lassen. Mit Salz und den Gewürzen abschmecken und mit der Butter verfeinern. • Das Eigelb mit der Sahne verquirlen
und langsam in die Suppe rühren. Kurze Zeit
durchziehen, aber nicht mehr kochen lassen.

Das paßt dazu: ausgebratene Speckwürfel mit
goldgelb gerösteten Zwiebelringen

Mein Tip Die Flüssigkeitsangabe
bei den Suppen ist recht unterschiedlich, je nachdem, ob die Suppe als
Vorspeise oder als Hauptgericht serviert werden soll. Sie können die Flüssigkeit reduzieren oder mehr Brühe
zugeben, bis die Suppe die gewünschte Konsistenz erreicht hat. Zu flüssig
geratene Suppen lassen sich mit einer
roh geriebenen Kartoffel andicken.

Creme Vichyssoise

Eine köstliche Erfrischung an heißen Som-
mertagen ist diese Variation.

Zutaten für 4 Personen:
1 Zwiebel · 300 g Lauch · 2 große Kartoffeln ·
2 Eßl. Butter · ⅜ l Hühnerbrühe · ⅛ l Milch ·
Salz · weißer Pfeffer · 3 Tropfen Tabasco-
sauce · ¼ l Sahne · ½ Bund Schnittlauch
Pro Person etwa 1450 Joule/345 Kalorien

● Zubereitungszeit: 1 Stunde
● Kühlzeit: 30 Minuten

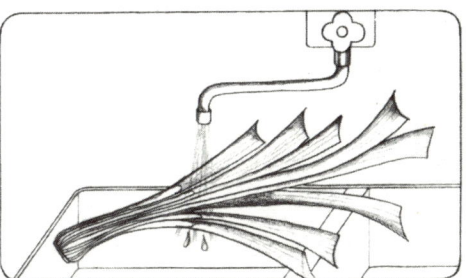

Lauch läßt sich am gründlichsten waschen, wenn
man die Blätter auseinanderdrückt.

So wird's gemacht: Die Zwiebel schälen und
feinhacken. Den Lauch putzen, die harten
grünen Blattspitzen entfernen. Die Stangen
der Länge nach halbieren und in feine Streifen
schneiden. Die Kartoffeln schälen und würfeln. • Die Butter in einem Topf zerlassen, die
Zwiebel und den Lauch darin glasig braten.
Die Kartoffelwürfel zugeben und mit der
Hühnerbrühe und der Milch auffüllen. 30 Minuten köcheln lassen. • Die Suppe durch ein
Sieb passieren oder im Mixer pürieren. Mit

Salz, Pfeffer und der Tabascosauce abschmek-ken. Abkühlen lassen, dann 30 Minuten in den Kühlschrank stellen. • Die Sahne locker in die Suppe rühren. Den Schnittlauch waschen, trockenschwenken, kleinschneiden und dar-überstreuen.

Grüne Kartoffelsuppe

Zutaten für 4 Personen:
750 g Kartoffeln · 200 g Kerbel · 100 g Lauch ·
3 Eßl. Butter · gut ¾ l Hühnerbrühe · Saft von
½ Zitrone · ⅛ l trockener Weißwein · Salz ·
weißer Pfeffer · 2 Eigelb · 1 Bund Petersilie ·
100 g Sahne · 1 Prise Zucker
Pro Person etwa 1530 Joule/365 Kalorien

● Zubereitungszeit: 50 Minuten

So wird's gemacht: Die Kartoffeln schälen und würfeln. Den Kerbel waschen und trok-kenschleudern. Den Lauch putzen, in Ringe schneiden, waschen und abtropfen lassen. • Die Butter in einem Topf erhitzen. Die Hälfte des Kerbels und die anderen vorbereiteten Zu-taten darin unter Rühren 3 Minuten anbraten. Mit der Hühnerbrühe auffüllen und etwa 20 Minuten kochen lassen. • Die Suppe im Mixer pürieren oder durch ein Sieb streichen und wieder erhitzen. Mit dem Zitronensaft, dem Wein, Salz und Pfeffer abschmecken. Das Eigelb mit 4 Eßlöffeln Suppe verquirlen und die Suppe damit legieren. • Die Petersilie waschen, trockentupfen und mit dem rest-lichen Kerbel feinhacken. Die Kräuter in die Suppe rühren. • Die Sahne halbsteif schlagen, salzen und zuckern. Die Suppe in eine Terrine füllen, die Sahne daraufgeben und leicht un-terziehen.

Kaisers Kartoffelsuppe

Des letzten deutschen Kaisers Leibgericht wurde nach folgendem Rezept zubereitet: Man koche geschälte Kartoffeln in Salzwasser halbgar und dann in kräftiger Schinkenkno-chenbrühe weich. Streiche sie dann durch ein Sieb und fülle mit Fleischbrühe auf. Füge ge-sondert gekochte Mohrrüben- und Sellerie-würfel hinzu, erhitze die Suppe und vollende sie mit Butter, Sahne, gehackter Petersilie und einem Schuß Madeira-Wein. Als Einlage neh-me man in feine Streifen geschnittene gekoch-te Rinderpökelbrust.
Hier meine mehr bürgerliche, etwas ein-fachere, aber nicht minder wohlschmeckende Variation.

Zutaten für 4 Personen:
2 große Möhren · 1 kleine Petersilienwurzel ·
½ Sellerieknolle · 1 Zwiebel · 1 Stange Lauch ·
750 g Kartoffeln · 3 Eßl. Butter · 1½ l Kno-
chenbrühe · Salz · weißer Pfeffer · ½ Teel. ge-
trockneter Thymian · 4 Bockwürste · 1 Bund
Petersilie
Pro Person etwa 2770 Joule/660 Kalorien

● Zubereitungszeit: 1 Stunde

So wird's gemacht: Das Wurzelwerk putzen, waschen und in Würfel schneiden. Die Zwie-bel schälen und feinhacken. Vom Lauch die dunkelgrünen Blätter großzügig abschneiden, die Stange in fingerdicke Ringe schneiden, waschen und abtropfen lassen. Die Kartoffeln schälen und grobwürfeln. • Die Butter in ei-nem Topf zerlassen und alle vorbereiteten Zu-taten darin unter häufigem Schütteln 3–5 Mi-nuten anbraten. Die Hälfte des Topfinhalts im

Mixer pürieren, dabei etwas Brühe zugeben. Das Püree zurück in den Topf geben und mit der Brühe auffüllen. Alles bei schwacher Hitze in etwa 20 Minuten garen. • Die Suppe mit Salz, Pfeffer und dem Thymian abschmecken. • Die Bockwürste 10 Minuten vor Ende der Kochzeit einlegen. • Die Petersilie waschen, trockenschwenken, grobhacken und über die Suppe streuen.

Italienische Kartoffelsuppe

Zutaten für 4 Personen:
500 g Kartoffeln · 1–1½ l Fleischbrühe ·
2 Knoblauchzehen · 150 g tiefgefrorene Erbsen · 2 große Tomaten · Salz · schwarzer Pfeffer · 2 Stengel Basilikum
Pro Person etwa 690 Joule/165 Kalorien

● Zubereitungszeit: 45 Minuten

So wird's gemacht: Die Kartoffeln schälen und in kleine Würfel schneiden. • Die Fleischbrühe in einem Topf zum Kochen bringen, die geschälten Knoblauchzehen durch die Presse dazudrücken, die Kartoffelwürfel einlegen und 10–15 Minuten köcheln lassen. • Die unaufgetauten Erbsen zugeben. Die Tomaten überbrühen, häuten, die grünen Stengelansätze entfernen, die Tomaten in grobe Würfel schneiden und in die Suppe rühren. Mit Salz und Pfeffer würzen. • Das Basilikum waschen, trockentupfen und grobhacken. Die Blättchen in die Suppe mischen und alles bei schwacher Hitze 5 Minuten durchziehen lassen.

Französische Kartoffelsuppe

In Frankreich heißt die Suppe »Potage Parmentier« nach dem berühmten Apotheker Auguste Parmentier, der die Kartoffeln in seinem Land populär machte.

Zutaten für 4 Personen:
3 mittelgroße Stangen Lauch · 500 g Kartoffeln · 75 g Butter · 1 l Fleischbrühe · ¼ l Milch · 3 Eßl. Sahne · Salz · weißer Pfeffer · 2 Scheiben Kastenweißbrot vom Vortag ohne Rinde
Pro Person etwa 1575 Joule/375 Kalorien

● Zubereitungszeit: 50 Minuten

So wird's gemacht: Den Lauch putzen, die grünen harten Blattspitzen großzügig abschneiden. Die weißen Stangen in feine Ringe schneiden, gründlich waschen und gut abtropfen lassen. Die Kartoffeln schälen und in kleine Würfel schneiden. • Knapp die Hälfte der Butter in einem Topf erhitzen und die Lauchringe darin weich braten, aber nicht braun werden lassen. Die Kartoffeln zugeben und mit der Fleischbrühe auffüllen. Alles bei mittlerer Hitze 30 Minuten kochen. • Die Milch zugießen, die Sahne einrühren und mit Salz und Pfeffer würzen. Bei schwacher Hitze durchziehen lassen. • Das Weißbrot in Würfel schneiden und in wenig Butter in einer Pfanne goldgelb rösten. • Die Suppe durch ein Sieb in eine vorgewärmte Terrine passieren, die restliche Butter in kleinen Flöckchen darauf zergehen lassen und die Brotbröckchen darüberstreuen.

Kernige Kartoffelsuppe

Bild Seite 17

Zutaten für 4 Personen:
75 g durchwachsener Speck · 3 Zwiebeln ·
2 große Möhren · ¼ Sellerieknolle · 1 Stange
Lauch · 5 große Kartoffeln · 1 Eßl. Schweine-
schmalz · ½–1 l Fleischbrühe · 1 Lorbeerblatt ·
4 Wacholderbeeren · 1 Zweig Bohnenkraut ·
1 Stück Zitronenschale, unbehandelt · 1 Eßl.
Butter · 1 Prise Zucker · Salz · weißer Pfeffer ·
⅛ l Sahne
Pro Person etwa 2100 Joule/500 Kalorien

● Zubereitungszeit: 1 Stunde und 10 Minuten

So wird's gemacht: Den Speck würfeln. Eine Zwiebel schälen und feinhacken. Das Gemüse putzen, waschen und kleinschneiden. Die Kartoffeln schälen und würfeln. ● Das Schmalz in einem großen Topf erhitzen und den Speck darin glasig braten. Die Zwiebeln und das vorbereitete Gemüse zugeben und unter Rühren 3–5 Minuten anbraten. Die Kartoffeln zugeben und die Fleischbrühe angießen. Das Lorbeerblatt, die zerdrückten Wacholderbeeren, das Bohnenkraut und die Zitronenschale in den Topf geben. Alles halbzugedeckt etwa 40 Minuten köcheln lassen. ● Kurz vor Ende der Garzeit die restlichen Zwiebeln schälen und in Ringe schneiden. ● Die Butter in einer Pfanne heiß werden lassen und die Zwiebeln darin goldbraun braten. ● Das Lorbeerblatt, das Bohnenkraut und die Zitronenschale entfernen, dann die Suppe mit dem Schneebesen kräftig durchschlagen. Mit dem

Zucker, Salz und Pfeffer abschmecken und die Sahne unterziehen. ● Die Suppe in eine vorgewärmte Terrine füllen und die Zwiebelringe darauf verteilen.

Mein Tip Die Suppe wird noch feiner, wenn Sie vor dem Abschmekken 200 g in Butter gedünstete Pfifferlinge oder Mischpilze einrühren.

Böhmische Kartoffelsuppe

Pastinaken sind weißgelbliche, möhrenähnliche Wurzeln von besonderer Würzkraft. Sie werden auch bei uns immer öfter angeboten. Als Ersatz können Sie auch Petersilienwurzeln verwenden.

Zutaten für 6 Personen:
1 kg Kartoffeln · ½ Sellerieknolle · 1 kleine Pa-
stinakenwurzel · 2 große Möhren · 3 Zwie-
beln · 90 g Butter · 2 Eßl. Mehl · 1 l Hühner-
brühe · ½ Tasse getrocknete Pilze · 1 gute Prise
getrockneter Majoran · Salz · schwarzer
Pfeffer
Pro Person etwa 2100 Joule/500 Kalorien

● Zubereitungszeit: 1 Stunde

So wird's gemacht: Die Kartoffeln waschen und mit der Schale 8 Minuten kochen, dann abgießen, schälen und in 1 cm dicke Würfel schneiden. ● Das Wurzelwerk putzen, waschen und ebenfalls in 1 cm dicke Würfel schneiden. Die Zwiebeln schälen und feinhakken. • Die Butter in einem großen Topf zerlassen und alle zerkleinerten Zutaten darin in etwa 10 Minuten unter gelegentlichem Rühren leicht anbräunen lassen. Das Mehl darüberstäuben und alles gut verrühren. • Mit der Hühnerbrühe auffüllen, die Pilze hineinbröckeln und mit dem Majoran würzen. Die Suppe bei starker Hitze unter ständigem Rühren zum Kochen bringen, dann bei schwacher Hitze halb zugedeckt 20–25 Minuten köcheln lassen. • Die Suppe salzen und pfeffern.

Kartoffelsuppe Schweizer Art

Zutaten für 4 Personen:
350 g Kartoffeln · 250 g Zwiebeln · 3 Eßl. Butter · 1½ l Fleischbrühe · ⅛ l saure Sahne · 100–150 g geriebener Emmentaler Käse · Salz · weißer Pfeffer · 1 gute Prise getrockneter Majoran
Pro Person etwa 1660 Joule/395 Kalorien

● Zubereitungszeit: 40 Minuten

So wird's gemacht: Die Kartoffeln schälen und in Würfel schneiden. Die Zwiebeln schälen und feinhacken. • Die Butter in einem Topf zerlassen, die Kartoffeln und die Zwiebeln darin unter Rühren anbraten, bis die Zwiebeln glasig sind. Die Fleischbrühe zugießen und alles zugedeckt 25 Minuten köcheln lassen. • Die Suppe durch ein Sieb passieren oder im Mixer pürieren, dann wieder erhitzen. • Die saure Sahne und den geriebenen Käse zugeben und so lange rühren, bis der Käse ganz aufgelöst ist. Mit Salz, Pfeffer und dem Majoran abschmecken.

Bayerische Kartoffelsuppe

Zutaten für 4 Personen:
3 mittelgroße Kartoffeln · 1 Möhre · 1 kleine Petersilienwurzel · 50 g Sellerieknolle · 1 Stange Lauch · 1 Tomate · 1 l Wasser · Salz · 60 g Butter oder Margarine · 3 Eßl. Mehl · 2 Teel. gekörnte Brühe · Essig · ½ Bund Schnittlauch
Pro Person etwa 1110 Joule/265 Kalorien

● Zubereitungszeit: 1 Stunde

So wird's gemacht: Die Kartoffeln schälen und grobwürfeln. Das Wurzelwerk putzen, waschen und zerkleinern. Die Tomate überbrühen, häuten und halbieren, dabei die grünen Stengelansätze entfernen. Alle vorbereiteten Zutaten mit dem Wasser und Salz aufsetzen und 35 Minuten kochen lassen. • In einem zweiten großen Topf das Fett erhitzen, das Mehl einrühren und hellgelb werden lassen. Nach und nach mit dem Schöpflöffel die Kartoffel-Gemüsebrühe zugeben, dabei weiterrühren, dann bei schwacher Hitze köcheln lassen. • Die Kartoffeln und das Gemüse gut zerstampfen und in die Sauce geben. Alles fest durchrühren. Wenn die Suppe zu dick sein sollte, soviel Wasser zugeben, bis die gewünschte Konsistenz erreicht ist. Die Kartoffelsuppe mit der gekörnten Brühe, Salz und wenig Essig abschmecken, den gewaschenen Schnittlauch kleinschneiden und darüberstreuen. Machen Sie es wie in den bayerischen Wirtshäusern und stellen Sie eine Flasche mit Essig auf den Tisch. Jeder kann seine Suppe säuern wie er es mag.

Kartoffelsalat Wirtshaus Art

»Dieser Salat muß schön quatschen«, sagte meine Großmutter und meinte damit, daß er recht feucht und saftig sein soll. Gießen Sie gegebenenfalls mehr Fleischbrühe oder einen Schuß heißes Wasser dazu.

Zutaten für 4 Personen:
1 kg Salatkartoffeln · 1 Bund Schnittlauch ·
½ Bund Petersilie · 1 große Zwiebel · gut ⅛ l
heiße Fleischbrühe · 4 Eßl. Essig · Salz ·
schwarzer Pfeffer · ½ Teel. scharfer Senf ·
3–4 Eßl. Öl
Pro Person etwa 1300 Joule/310 Kalorien

- Zubereitungszeit: 40 Minuten
- Ruhezeit: 1 Stunde

So wird's gemacht: Die Kartoffeln, gut mit Wasser bedeckt, in 20 Minuten nicht zu weich kochen. • Den gewaschenen Schnittlauch feinschneiden, die gewaschene Petersilie feinhacken. Die Zwiebel schälen und in kleine Würfel schneiden. • Die Kartoffeln abgießen, schälen und etwas abkühlen lassen, dann in Scheiben schneiden. Mit den Zwiebelwürfeln in einer Schüssel mischen. Die heiße Fleischbrühe darübergießen. • Den Essig mit Salz, Pfeffer, dem Senf und dem Öl verrühren. Die Kräuter über die Kartoffeln streuen und die Marinade dazugießen. Alles vorsichtig mischen. • Den Salat zugedeckt 1 Stunde an einem kühlen Ort durchziehen lassen.

Paßt gut zu: heißen Würstchen, Frikadellen, Koteletts oder gebratenem Fisch

Sächsischer Kartoffelsalat

Zutaten für 4 Personen:
Für die Sauce: ¼ l Milch · 2 Teel. Mehl · 1 Ei ·
3 Eßl. Öl · 1 Teel. mittelscharfer Senf · 2 Eßl.
Zitronensaft · Salz · weißer Pfeffer ·
1 kg Pellkartoffeln, am Vortag gekocht ·
1 Bund Schnittlauch
Pro Person etwa 1510 Joule/360 Kalorien

- Zubereitungszeit: 45 Minuten

So wird's gemacht: Alle Zutaten für die Sauce in einem Kochtopf mit dem Schneebesen gründlich schlagen. Die Mischung unter ständigem Rühren bei schwacher Hitze zum Kochen bringen, einmal aufwallen lassen. • Die Sauce vom Herd nehmen und abkühlen lassen. Während dessen öfter umrühren, damit sich keine Haut bildet. • Die Kartoffeln schälen und in Scheiben schneiden. Den gewaschenen Schnittlauch kleinschneiden und in die Sauce rühren, eventuell nachwürzen. Die Sauce mit den Kartoffeln vermengen.

Variante: Geben Sie noch andere frische gehackte Küchenkräuter in die Sauce (Zitronenmelisse, Estragon, Liebstöckel, Petersilie).

Mein Tip Küchenkräuter vor dem Zerkleinern immer waschen, trockenschleudern oder mit Küchenkrepp trockentupfen. Die groben Stengel entfernen. Möglichst auf einem Plastik- oder Porzellanbrettchen hacken.

Salat aus dem Tanner Doktorhaus

Zutaten für 6 Personen:
1 kg Salatkartoffeln · 500 g grüne Bohnen ·
Salz · 4 hartgekochte Eier · 1 Dose Anchovis-
filets · je 50 g schwarze und grüne Oliven ·
½ Flasche Sekt
Für die Marinade: Saft von 1 Zitrone · Salz ·
schwarzer Pfeffer · 1 Prise Zucker · ½ Teel.
scharfer Senf · 4 Eßl. Olivenöl
Pro Person etwa 1680 Joule/400 Kalorien

- Zubereitungszeit: 45 Minuten
- Ruhezeit: 1 Stunde

So wird's gemacht: Die ungeschälten Kartoffeln, gut mit Wasser bedeckt, in etwa 20 Minuten garen. Die geputzten, gewaschenen Bohnen in wenig Salzwasser nicht zu weich kochen. Die Eier schälen und in Scheiben schneiden. Die Anchovisfilets abspülen, trockentupfen und der Länge nach halbieren. Die Oliven entkernen. • Die Kartoffeln abgießen, schälen und in Scheiben schneiden. Die Bohnen abtropfen lassen. • Die vorbereiteten Zutaten in folgender Reihenfolge in eine große Schüssel schichten: Kartoffeln, Bohnen, Kartoffeln, Eischeiben, Kartoffeln, Anchovis, Kartoffeln, Oliven, Kartoffeln. Den Sekt darübergießen und den Salat mindestens eine Stunde zugedeckt im Kühlschrank ruhen lassen. • Aus dem Zitronensaft, Salz, Pfeffer, dem Zucker, dem Senf und dem Olivenöl eine Marinade rühren und kurz vor dem Servieren über den Salat träufeln.

Kartoffelsalat aus Israel

Zutaten für 4 Personen:
1 kg Salatkartoffeln · 1 große Zwiebel · 1 saure
Gurke · 500 g säuerliche Äpfel · 3 Eßl. Essig ·
2–3 Eßl. Zucker · Salz · weißer Pfeffer · 3 Eßl.
Gänseschmalz · 1 Bund Schnittlauch
Pro Person etwa 1720 Joule/410 Kalorien

- Zubereitungszeit: 50 Minuten

So wird's gemacht: Die Kartoffeln mit der Schale in Wasser garen. Die Zwiebel schälen und feinhacken, die Gurke würfeln. Die Äpfel schälen, vierteln, vom Kerngehäuse befreien und in kleine Würfel schneiden. • Die Kartoffeln abgießen, schälen und in Scheiben schneiden. Die zerkleinerten Zutaten unter die Kartoffeln mischen. Den Salat warm stellen. • Den Essig mit dem Zucker, Salz und Pfeffer in einem kleinen Topf erhitzen, aber nicht kochen lassen. Den heißen Sud über den Salat gießen. Das Gänseschmalz im gleichen Topf zerlassen und über den Salat träufeln. Alles sanft durchheben. • Den gewaschenen Schnittlauch kleinschneiden und über den Salat streuen. Warm servieren.

Bunter Kartoffelsalat

Zutaten für 4 Personen:
750 g Pellkartoffeln · 8 Cornichons · ½ Tasse
eingelegte rote Tomatenpaprikastreifen ·
4 hartgekochte Eier · 150 g gekochter Schinken
im Stück
Für die Sauce: 5 Eßl. Mayonnaise · 2 Eßl.
Crème fraîche · 2 Eßl. Kapern · Salz · weißer
Pfeffer

Die Kernige Kartoffelsuppe wird jedem Freund ▷ kräftiger Hausmannskost gut schmecken. Rezept Seite 12.

Pro Person etwa 2290 Joule/545 Kalorien

- Zubereitungszeit: 30 Minuten
- Ruhezeit: 30 Minuten

So wird's gemacht: Die Kartoffeln schälen und in Scheiben schneiden. Die Cornichons und die Paprikastreifen würfeln. Die Eier schälen und grobhacken. Den Schinken in Würfel schneiden. Alle Zutaten in einer Schüssel mischen. • Die Mayonnaise mit der Créme fraîche und den Kapern verrühren, mit Salz und Pfeffer abschmecken. Die Sauce über die Salatzutaten gießen und alles locker vermengen. • Den Salat vor dem Servieren etwa 30 Minuten ziehen lassen.

Mein Tip Allen Kartoffelsalaten tut es gut, wenn sie vor dem Anrichten möglichst zugedeckt eine Zeitlang ruhen, damit sich die Marinade gründlich mit den Zutaten verbindet. Warme Kartoffelsalate auf die Heizung stellen.

Salat Imperial

Zutaten für 4 Personen:
Für die Marinade: ⅛ l trockener Weißwein ·
1 Eßl. Estragonessig · Salz · Pfeffer · 1 gute
Prise edelsüßes Paprikapulver
Für den Salat: 500 g gekochte Salatkartoffeln ·
4 feste Tomaten · 300 g gekochtes Rindfleisch ·
1 große Zwiebel · 4 Eßl. Remouladensauce aus
dem Glas · 1–2 Eßl. Joghurt
Pro Person etwa 2185 Joule/520 Kalorien

- Zubereitungszeit: 30 Minuten
- Ruhezeit: 1 Stunde

So wird's gemacht: Aus dem Wein, dem Essig, Salz, Pfeffer und dem Paprikapulver in einer Schüssel eine Marinade rühren. • Die Kartoffeln schälen, in Scheiben schneiden und in die Marinade geben. Mischen und zugedeckt 1 Stunde ruhen lassen. • Die Tomaten überbrühen, häuten, von den grünen Stengelansätzen befreien und in Scheiben schneiden. Das Rindfleisch in Streifen schneiden. Die Zwiebel schälen und in Ringe schneiden. Die Remouladensauce mit dem Joghurt verdünnen. • Auf eine flache Schüssel zunächst die Hälfte von marinierten Kartoffeln, Tomaten, Zwiebelringen und Fleisch übereinanderschichten, dabei die Tomaten leicht salzen und pfeffern. Etwas Remouladensauce über das Fleisch geben. Den Vorgang in gleicher Reihenfolge wiederholen und den Salatberg mit der Remouladensauce übergießen.

Kartoffel-Gurken-Salat

Der saftige Salat schmeckt besonders gut zu panierten Schnitzeln oder Koteletts. Er ist auch eine perfekte Ergänzung zu kroß gebratenen Schweinshaxen und zu Spanferkeln.

Zutaten für 4 Personen:
750 g Salatkartoffeln · 1 Zwiebel · ⅛ l heiße
Fleischbrühe · 1 mittelgroße Salatgurke ·
Salz · je ½ Bund Schnittlauch und Dill · 2 To-
maten · 4 Eßl. Essig · 3 Eßl. Öl · Pfeffer
Pro Person etwa 1050 Joule/250 Kalorien

- Zubereitungszeit: 45 Minuten
- Ruhezeit: 30 Minuten

◁ Griechischer Bauernsalat weckt bestimmt Urlaubs-
erinnerungen, beim Zubereiten und beim Essen.
Rezept auf dieser Seite.

So wird's gemacht: Die Kartoffeln, gut mit Wasser bedeckt, in etwa 25 Minuten garen. Die Zwiebel schälen und feinhacken. • Die Kartoffeln abgießen, schälen und noch heiß in Scheiben schneiden. Mit der Zwiebel in eine große Schüssel geben und die Fleischbrühe darübergießen. Alles zugedeckt 30 Minuten durchziehen lassen. • Die Gurke schälen, in einen tiefen Teller hobeln und mit Salz bestreuen. • Den Schnittlauch und den Dill waschen, trockenschleudern und kleinschneiden. Die gewaschenen Tomaten von den grünen Stengelansätzen befreien, achteln, sparsam salzen und pfeffern. • Aus dem Essig, Salz, dem Öl und dem Pfeffer eine Marinade rühren und über die Kartoffeln gießen. Die Gurke mit dem Saft sowie die Kräuter zugeben. Alles sanft vermengen. Den fertigen Salat mit den Tomaten garnieren.

Mein Tip Frisch gemahlener Pfeffer würzt die Speisen viel feiner und intensiver als fertiges Pfefferpulver aus der Tüte. Je eine Pfeffermühle für weiße und schwarze Pfefferkörner sind in der Küche ein durchaus angebrachter Luxus.

Leichter Kartoffelsalat

Zutaten für 4 Personen:
1 kg Salatkartoffeln · 1 große rote Zwiebel ·
⅛ l Hühnerbrühe · 1 Eßl. Weinessig · 3 Eßl.
Olivenöl · 2 Teel. scharfer Senf · Salz · weißer
Pfeffer · Saft von ½ Zitrone
Pro Person etwa 1260 Joule/300 Kalorien

● Zubereitungszeit: 50 Minuten
● Ruhezeit: 30 Minuten

So wird's gemacht: Die Kartoffeln mit der Schale in Wasser garen. Die Zwiebel schälen und feinhacken. • Die Hühnerbrühe mit dem Essig, dem Öl, dem Senf und der gehackten Zwiebel in einem Topf bei starker Hitze zum Kochen bringen, dann bei schwacher Hitze im offenen Topf 5 Minuten köcheln lassen. Mit Salz und Pfeffer abschmecken, den Zitronensaft einrühren. • Die Kartoffeln abgießen, schälen und in Scheiben schneiden. Die heiße Marinade darübergießen und alles gut durchschütteln, nicht rühren. Den Salat abgekühlt servieren.

Griechischer Bauernsalat

Bild nebenstehend

Zutaten für 4 Personen:
500 g Pellkartoffeln · 2 hartgekochte Eier ·
2 Fleischtomaten · 200 g Schafkäse · 1 Dose
Sardellenfilets · 100 g schwarze Oliven ·
1 Zwiebel
Für die Marinade: 2 Eßl. Rotweinessig · 1 Teel.
mittelscharfer Senf · Salz · schwarzer Pfeffer ·
4 Eßl. Olivenöl · 1 Zweig Basilikum · etwas
Petersilie
Pro Person etwa 2290 Joule/545 Kalorien

● Zubereitungszeit: 25 Minuten

So wird's gemacht: Die Kartoffeln und die Eier schälen und beides in Scheiben schneiden. Die Tomaten halbieren, von den grünen Stengelansätzen befreien und ebenfalls in

Scheiben schneiden. Den Schafkäse würfeln. Die Sardellen zerkleinern und die Oliven entsteinen. Die Zwiebel schälen und in Ringe schneiden. • Aus dem Essig, dem Senf, Salz, Pfeffer und dem Öl eine Marinade rühren. • Alle Salatzutaten in einer Schüssel vorsichtig mischen. Die Marinade darüberträufeln und locker unterheben. • Die Kräuter waschen, feinhacken und über den Salat streuen.

Paßt gut zu: Lammfleisch oder herzhaften Würstchen vom Grill

Feiner Heringssalat

Wenn Sie Salzheringe einkaufen, bitten Sie den Händler, Ihnen auch Milchner einzupakken. Die Heringsmilch macht den Salat besonders schmackhaft und saftig.

Zutaten für 4 Personen:
2 Salzheringe, bereits 1 Tag gewässert · 500 g
Pellkartoffeln · 1 Gewürzgurke · je 150 g Knollensellerie und rote Bete, beides aus dem Glas ·
150 g Kalbsbraten oder Bratenreste · 1 großer
säuerlicher Apfel · 50 g Walnußkerne
Für die Sauce: Milchner von 2 Heringen ·
⅛ l saure Sahne · ½ Tasse Fleischbrühe · 4 Eßl.
Öl · 1–2 Eßl. Essig · Salz · 1 Prise Zucker ·
1 kleine Zwiebel
Pro Person etwa 2310 Joule/550 Kalorien

● Zubereitungszeit: 45 Minuten
● Ruhezeit: mindestens 2 Stunden

So wird's gemacht: Die gewässerten Heringe ausnehmen und entgräten, von Köpfen und Flossen befreien (oder den Fischhändler darum bitten) und in Würfel schneiden. Die Kar-

toffeln schälen und mit der Gewürzgurke, dem Sellerie, der roten Bete und dem Fleisch feinwürfeln. Den Apfel schälen, vierteln, vom Kerngehäuse befreien und auch in Würfel schneiden. Die Nüsse grobhacken. • Die vorbereiteten Zutaten in einer großen Schüssel vermengen. • Die Heringsmilchner durch ein Sieb passieren, mit der sauren Sahne, der Fleischbrühe, dem Öl und dem Essig glattrühren. Vorsichtig salzen und mit dem Zucker abschmecken. Die Zwiebel schälen, sehr fein hacken und zufügen. Die Sauce über den Salat gießen und alles gut mischen. Den Salat mindestens 2 Stunden an einem kühlen Platz zugedeckt ruhen lassen.

Mein Tip Sie können den Salat auch in größeren Mengen schon einen Tag vorher zubereiten. Je länger er durchzieht, um so besser wird er schmecken.

Siebenbürger Meerrettichsalat

Zutaten für 4 Personen:
1 kg Salatkartoffeln · 200 g Fleischwurst ·
1 Salzgurke · 3 Eßl. frischgeriebener Meerrettich · 3 Eßl. Apfelmus aus dem Glas · etwa
250 g Salatmayonnaise aus dem Glas · Salz ·
Zucker
Pro Person etwa 3000 Joule/715 Kalorien

● Zubereitungszeit: 50 Minuten
● Kühlzeit: 20 Minuten

So wird's gemacht: Die Kartoffeln mit der Schale garen, abkühlen lassen, schälen und zuerst in nicht zu dünne Scheiben, dann in Streifen schneiden. Die Wurst häuten und in feine Streifen schneiden, die Gurke ebenfalls in Streifen schneiden. Alles in einer Schüssel mischen. • Den Meerrettich und das Apfelmus mit der Mayonnaise verrühren, mit Salz und Zucker pikant abschmecken. Die gewürzte Mayonnaise vorsichtig in den Salat mengen.

Mein Tip Frisch geriebener Meerrettich gibt diesem Salat den Pfiff. Sie können ihn auf vielen Märkten auch in kleinen Mengen in Plastiktütchen verpackt kaufen.

Warmer Kartoffelsalat mit Speck

Zutaten für 4 Personen:
1 kg Salatkartoffeln · ¼ l Fleischbrühe · 4 Eßl. Essig · Salz · Pfeffer · 1 Teel. Kümmel · 1 große Zwiebel · 75 g durchwachsener Speck · 1 Eßl. Butter
Pro Person etwa 1400 Joule/335 Kalorien

● Zubereitungszeit: 1 Stunde

So wird's gemacht: Die Kartoffeln mit der Schale garen, etwas abkühlen lassen, schälen und in Scheiben schneiden. • Die Fleischbrühe mit dem Essig, Salz, Pfeffer und dem Kümmel aufkochen, vom Herd nehmen und 5 Minuten stehen lassen. Den Sud dann über die Kartoffeln gießen. • Die Zwiebel schälen und

feinhacken, den Speck in kleine Würfel schneiden. • Die Butter in einer Pfanne erhitzen, den Speck und die Zwiebel darin hellgelb braten. Die Speckmischung zu den Kartoffeln geben und alles vorsichtig vermengen.

Paßt gut zu: gebratenem Seefisch oder zu Spiegeleiern

Schwäbischer Kartoffelsalat

Zutaten für 4 Personen:
1 kg Pellkartoffeln, am Vortag gekocht · 1 Zwiebel · ¼ l heiße Fleischbrühe · Salz · Pfeffer · 2–3 Eßl. Essig · 4 hartgekochte Eier · ½ Bund Petersilie · 3–4 Eßl. Öl
Pro Person etwa 1620 Joule/385 Kalorien

● Zubereitungszeit: 30 Minuten
● Ruhezeit: 30 Minuten

So wird's gemacht: Die Kartoffeln schälen und auf der Küchenreibe in eine Schüssel mittelfein reiben. Die Zwiebel schälen und feinhacken. Die heiße Fleischbrühe mit Salz und Pfeffer würzen, mit dem Essig und der Zwiebel mischen und über die Kartoffeln gießen. Alles locker untereinanderheben. Zugedeckt 30 Minuten ruhen lassen. • Die Eier schälen und in Viertel schneiden. Die Petersilie waschen, mit Küchenkrepp trockentupfen und von groben Stengeln befreien. • Das Öl über die Kartoffeln träufeln und sanft untermischen. • Den Salat kuppelförmig auf einer Platte anrichten, glattstreichen und mit einem Messerrücken dekorative Kerben eindrücken. Mit den Eiervierteln und Petersilie garnieren.

Vielerlei Kartoffelgemüse

Béchamelkartoffeln

Louis de Béchamel, ein neureicher Bankier, erkaufte sich das Amt des Haushofmeisters am Hofe Ludwigs XIV. Berühmt wurde er nur durch die Sauce, die ihm einer seiner Hofköche widmete.

Zutaten für 4 Personen:
1 kg Kartoffeln · 2 Eßl. Butter · 2 Eßl. Mehl ·
¼ l heiße Milch · ⅛ l Sahne · Salz · weißer Pfeffer · 1 Messerspitze geriebene Muskatnuß ·
1 Teel. Zitronensaft
Pro Person etwa 1425 Joule/340 Kalorien

● Zubereitungszeit: 40 Minuten

So wird's gemacht: Die Kartoffeln mit der Schale in Wasser in etwa 25 Minuten garen. ● Die Butter in einem Topf erhitzen, das Mehl anstäuben und unter Rühren hellgelb werden lassen. Die heiße Milch unter ständigem Rühren nach und nach zugießen. Die Sauce bei ganz schwacher Hitze sanft köcheln lassen. ● Inzwischen die Kartoffeln schälen und in nicht zu dünne Scheiben schneiden. ● Die Sauce mit der Sahne verfeinern, mit Salz, Pfeffer, dem Muskat und dem Zitronensaft abschmecken. Die Karoffelscheiben in die Sauce geben, vorsichtig vermengen und darin heiß werden lassen.

Paßt gut zu: Bratwurst, gebratenem Fleischkäse oder Kasseler Rippchen. Oder mit Preiselbeerkompott servieren.

Variante: 1 Zwiebel in feine Scheiben und 100 g durchwachsenen Speck in kleine Würfel schneiden und in 1 Eßlöffel zerlassener Butter

glasig braten. 1–2 Eßlöffel Mehl darunterrühren, bis es hellgelb ist, gut ¼ l heiße Milch einrühren, mit Salz und weißem Pfeffer würzen. Auch mit reichlich gehacktem Dill oder kleingeschnittenem Schnittlauch oder gehackter Petersilie können Sie der Sauce andere Geschmacksrichtungen geben.

Bouillonkartoffeln

Zutaten für 4 Personen:
1½ l Wasser · Salz · 500 g Rinderbrust ·
750 g Kartoffeln · 100 g Knollensellerie ·
3 große Möhren · 1 Stange Lauch · schwarzer Pfeffer · 1 Bund Petersilie · 2 Blätter Selleriegrün
Pro Person etwa 1870 Joule/445 Kalorien

● Zubereitungszeit: 20 Minuten
● Garzeit: 2 Stunden und 30 Minuten

So wird's gemacht: Das Wasser mit Salz zum Kochen bringen, das Fleisch einlegen und in etwa 2 Stunden bei schwacher Hitze garen. ● Die Kartoffeln schälen und in Würfel schneiden. Das Gemüse putzen (vom Lauch die dunkelgrünen Blätter großzügig entfernen), waschen und kleinschneiden. Das Fleisch aus der Bouillon nehmen und zugedeckt beiseite stellen. Die Kartoffeln und das Gemüse in die Bouillon geben und im geschlossenen Topf bei mittlerer Hitze 25 Minuten kochen lassen. ● Die Bouillonkartoffeln mit Salz und Pfeffer abschmecken. Das Fleisch in mundgerechte Stücke schneiden und zugeben. Die Petersilie und das Selleriegrün feinhacken und über das Gericht streuen.

Das paßt dazu: Preiselbeer-Meerrettich-Sahne

Saure Erdäpfel aus Niederösterreich

Zutaten für 4 Personen:
750 g Kartoffeln · 100 g fetter Speck · 2 Zwiebeln · 1 mittelgroße Salzgurke oder saure Gurke · 2 Eßl. Mehl · ½ l Fleischbrühe · 1 Teel. Kapern · 1 Teel. abgeriebene Zitronenschale · je 1 gute Prise getrockneter Majoran und Thymian · 1 Lorbeerblatt · Salz · schwarzer Pfeffer · 1 Eßl. Essig · ½ Bund Petersilie
Pro Person etwa 1675 Joule/400 Kalorien

● Zubereitungszeit: 1 Stunde

So wird's gemacht: Die Kartoffeln mit der Schale etwa 10 Minuten lang kochen, dann schälen und in 1 cm dicke Scheiben schneiden. Den Speck würfeln. Die Zwiebeln schälen und feinhacken. Die Gurke in kleine Würfel schneiden. ● Den Speck in einer Kasserolle glasig braten. Die Zwiebeln zugeben und bei mittlerer Hitze goldbraun werden lassen. Das Mehl anstäuben und alles gut verrühren. ● Die Hitze herunterschalten und die Brühe mit dem Schneebesen einrühren. ● Die Kapern, die Zitronenschale und die Gewürze zufügen, salzen und pfeffern. ● Sobald die Sauce kocht, die Kartoffeln, die Gurke und den Essig einmengen. Alles bei schwacher Hitze etwa 25 Minuten kochen lassen, dabei öfter umrühren. ● Das Lorbeerblatt entfernen. Die gewaschene Petersilie feinhacken und vor dem Servieren über das Gericht streuen.

Paßt gut zu: gekochtem Rindfleisch oder Bratwurst

Paprikakartoffeln

Bild 2. Umschlagseite

Zutaten für 6 Personen:
1 kg Kartoffeln · 1 große Zwiebel · 2 Knoblauchzehen · 2 grüne Paprikaschoten · 2 große Fleischtomaten · 3 Eßl. Schmalz · 1 Eßl. edelsüßes Paprikapulver · 1 Teel. Rosenpaprikapulver · ¼ l Hühner- oder Fleischbrühe · 1 Prise Kümmel · ½ Teel. Zucker · Salz · schwarzer Pfeffer · 500 g Debrecziner oder Cabanossi · 6 Eßl. saure Sahne oder Crème fraîche
Pro Person etwa 3905 Joule/930 Kalorien

● Zubereitungszeit: 1 Stunde

So wird's gemacht: Die Kartoffeln mit der Schale 10 Minuten kochen lassen, dann schälen und in ½ cm dicke Scheiben schneiden. Die Zwiebel schälen und in grobe Würfel schneiden. Die Knoblauchzehen schälen und feinhacken. Die Paprikaschoten putzen, waschen und in Streifen schneiden. Die Tomaten überbrühen, häuten, achteln und dabei die grünen Stengelansätze entfernen. Das Schmalz in einer großen Kasserolle erhitzen, die Zwiebel und den Knoblauch darin hellgelb braten. Die Kasserolle vom Herd nehmen und beide Paprikapulver einrühren, die Brühe zugießen. Alles zum Kochen bringen, die Kartoffeln, die Paprikaschoten und die Tomaten zugeben, mit dem Kümmel, dem Zucker, Salz und Pfeffer würzen. ● Die Wurst in Scheiben schneiden und zu dem Kartoffelgemüse geben. Das Ganze bei schwacher Hitze 30 Minuten kochen lassen. ● Die Paprikakartoffeln auf 6 Portionsteller verteilen und jeweils mit saurer Sahne oder Crème fraîche krönen.

23

Majorankartoffeln

Zutaten für 4 Personen:
1 Zwiebel · 50 g Butter oder Margarine · 50 g
Mehl · 1 gehäufter Teel. getrockneter Majo-
ran · ¼ l heiße Fleischbrühe · 1 kg Pellkartof-
feln · Salz · Pfeffer · 2 Eßl. Essig · ¼ l Sahne
Pro Person etwa 2225 Joule/530 Kalorien

● Zubereitungszeit: 25 Minuten

So wird's gemacht: Die Zwiebel schälen und
feinhacken. Das Fett in einem Topf zerlassen
und die Zwiebel darin glasig braten. Das Mehl
anstäuben und den Majoran zugeben. Nach
und nach die heiße Fleischbrühe einrühren. ●
Die Kartoffeln schälen und in nicht zu dünne
Scheiben oder in Würfel schneiden und in die
Sauce geben. Die Majorankartoffeln mit Salz,
Pfeffer und dem Essig abschmecken und
5 Minuten bei schwacher Hitze ziehen lassen. ● Zuletzt das Gericht mit der Sahne verfeinern.

Paßt gut zu: gekochtem Rindfleisch oder Frikadellen

Variante: Wiener Majorankartoffeln
250 g Kalbfleisch oder mageres Schweinefleisch in mittelgroße Streifen schneiden. In
einer Schüssel mit Salz, 1 gehäuftem Teelöffel
Majoran, 1 guten Prise Paprikapulver, 1 Eßlöffel Mehl und 1 grobgehackten Zwiebel mischen. 4 Eßlöffel Bratfett in einer Kasserolle
erhitzen und die Mischung darin hell anbraten. 1 kg geschälte rohe, in grobe Würfel geschnittene Kartoffeln zugeben und so viel
Wasser oder Brühe zugießen, daß die Kartoffeln gut bedeckt sind. Das Gericht garen, bis

die Kartoffeln fast zerfallen. Abschmecken
und mit gehacktem Selleriegrün oder gehackter Petersilie bestreuen.

Saure Rädle

Zutaten für 4 Personen:
800 g Kartoffeln · Salz · 100 g durchwachsener
Speck · 1 Zwiebel · 2 Eßl. Butter · 2 Eßl.
Mehl · ¾ l Fleischbrühe · 2 Eßl. Essig · ⅛ l trok-
kener Weißwein · Pfeffer · Zucker
Pro Person etwa 1930 Joule/460 Kalorien

● Zubereitungszeit: 50 Minuten

So wird's gemacht: Die Kartoffeln schälen, in
feine Scheiben schneiden und in Salzwasser
15 Minuten kochen lassen, dann abgießen
und zugedeckt beiseite stellen. ● Den Speck
würfeln, die Zwiebel schälen und grobhak-
ken. ● Die Butter in einem großen Topf erhitzen, das Mehl einrühren und gelb werden lassen. Den Speck und die Zwiebel zugeben und
weiter rühren, bis das Mehl braun ist. Die
Fleischbrühe nach und nach unter ständigem
Rühren zugießen. Die Sauce mit dem Essig
und dem Wein würzen, alles bei schwacher
Hitze im offenen Topf 10 Minuten einkochen
lassen. ● Die Kartoffelscheiben in der Sauce
in 5–10 Minuten zu Ende garen. Das Gericht
mit Salz, Pfeffer und Zucker abschmecken.

Das paßt dazu: gekochtes Rindfleisch oder
Brühwürstchen

Kartoffelgemüse mit Birnen

Lassen Sie sich von der ungewöhnlichen Kombination nicht abhalten, das Gericht zu kochen. Ich habe es von meinen heikelsten Freunden testen lassen und die fanden es gut.

Zutaten für 4 Personen:
1 große Zwiebel · 4 Eßl. Butter · 2 gehäufte
Eßl. Mehl · 1 Prise Zucker · ½ l Wasser ·
4 Kochbirnen · 5 mittelgroße Kartoffeln ·
Salz · Zucker · Zitronensaft und Zimt

Pro Person etwa 1365 Joule/325 Kalorien

● Zubereitungszeit: etwa 1 Stunde

So wird's gemacht: Die Zwiebel schälen und grobhacken. ● Die Butter in einer Kasserolle erhitzen, das Mehl und den Zucker darin unter Rühren hellbraun werden lassen. Die Zwiebel zugeben und weiterrühren, bis die Masse dunkelbraun ist. Nach und nach unter ständigem Rühren das Wasser zugeben und alles bei schwacher Hitze zu einer glatten Sauce verkochen. ● Die Birnen schälen, vierteln, vom Kerngehäuse befreien und in Scheiben schneiden. Die Kartoffeln schälen und in dünne Scheiben schneiden. Beides in die Sauce geben und etwa 35 Minuten köcheln lassen. Während der Kochzeit häufig umrühren, das Gericht brennt leicht an. Das fertige Gericht nach Geschmack mit Salz, Zucker und Zitronensaft würzen. Nach Belieben eine Prise Zimt zugeben.

Das paßt dazu: Bratwürste oder Kochwurst

Bretonische Kartoffeln

Zutaten für 4 Personen:
750 g Kartoffeln · 1 große Zwiebel · 1–2 Knoblauchzehen · 500 g Tomaten · 1 Bund Petersilie · 4 Eßl. Öl · ½ Teel. getrocknetes Basilikum oder 1 guter Teel. gehackte frische Basilikumblätter · etwa ¼ l Fleischbrühe · Salz
Pro Person etwa 1155 Joule/275 Kalorien

● Zubereitungszeit: 45 Minuten

So wird's gemacht: Die Kartoffeln schälen und in Scheiben oder Würfel schneiden. Die Zwiebel und die Knoblauchzehen schälen und feinhacken. Die Tomaten überbrühen, häuten, würfeln und dabei die grünen Stengelansätze entfernen. Die Petersilie waschen, trockentupfen und grobhacken. ● Das Öl in einem Topf erhitzen, die Zwiebel und den Knoblauch darin goldgelb braten. Die Tomaten zugeben, mit dem Basilikum würzen und die Mischung 3 Minuten bei milder Hitze schmoren lassen. ● Die Kartoffeln einrühren und so viel Fleischbrühe auffüllen, daß sie davon bedeckt sind. Das Gericht zugedeckt bei milder Hitze etwa 25 Minuten kochen lassen. Die gegarten Tomatenkartoffeln mit Salz abschmecken und mit der Petersilie bestreuen.

Paßt gut zu: Frikadellen, Bratwurst oder Koteletts

Rotweinkartoffeln

Zutaten für 4 Personen:
1 kg Kartoffeln · 2 Eßl. Butter · 2 Eßl. Mehl ·
¼ l heiße Fleischbrühe · 150 g gekochter Schin-
ken · ⅛ l trockener Rotwein · 1–2 Eßl. scharfer
Senf · Salz · weißer Pfeffer · ⅛ l Sahne ·
1 Bund Schnittlauch
Pro Person etwa 2100 Joule/500 Kalorien

● Zubereitungszeit: 45 Minuten

So wird's gemacht: Die Kartoffeln in der
Schale mit Wasser bedeckt in etwa 25 Minuten
garen. ● Die Butter in einem Topf erhitzen,
das Mehl zugeben und unter Rühren braun
werden lassen. Nach und nach die heiße
Fleischbrühe einrühren. ● Den Schinken in
schmale Streifen schneiden und mit dem Rotwein und dem Senf in die Sauce geben. Die
Sauce mit Salz und Pfeffer würzen und bei
schwacher Hitze 10 Minuten kochen lassen. ●
Die Kartoffeln schälen, in dünne Scheiben
schneiden und in die Sauce geben. 5 Minuten
ziehen lassen. ● Die Sahne steifschlagen und
den Schnittlauch wachen und kleinschneiden.
Kurz vor dem Servieren die Sahne unter die
Rotweinkartoffeln ziehen und den Schnittlauch über das Gericht streuen.

Das paßt dazu: grüner Salat und Brühwürstchen

Kartoffelgulasch

Zutaten für 4 Personen:
800 g Kartoffeln · 2 Zwiebeln · 100 g durch-
wachsener Speck · 2 Eßl. Öl · 1 gehäufter Teel.
edelsüßes Paprikapulver · 1 kleine Dose Toma-
tenmark · 1 Eßl. Weinessig · 1 Teel. getrockne-
ter Thymian · etwa ½ l Fleischbrühe · 1 Bund
Schnittlauch · 4 Paar Wiener Würstchen ·
4 Eßl. Sahne · Salz · weißer Pfeffer
Pro Person etwa 2600 Joule/620 Kalorien

● Zubereitungszeit: 45 Minuten

So wird's gemacht: Die Kartoffeln schälen
und grobwürfeln. Die Zwiebeln schälen und
feinhacken. Den Speck in Würfel schneiden. ●
Das Öl in einem Topf erhitzen und den Speck
darin glasig braten. Die Zwiebeln zugeben
und goldgelb werden lassen. ● Den Topf vom
Herd nehmen und das Paprikapulver einrühren. Das Tomatenmark, den Essig und den
Thymian zufügen, unter Rühren kurze Zeit
durchbraten. ● Die Kartoffeln daraufschich-
ten und so viel Fleischbrühe auffüllen, daß die
Kartoffeln bedeckt sind. Alles zugedeckt bei
schwacher Hitze 25 Minuten schmoren lassen. ● Den Schnittlauch waschen, trockenschwenken und kleinschneiden. Die Würstchen in mundgerechte Stücke teilen. ● Kurz
vor Ende der Garzeit die Würstchen im Gulasch erhitzen. Die Sahne einrühren, mit Salz
und Pfeffer abschmecken, eventuell mit Essig
nachwürzen. Das Gericht mit dem Schnittlauch bestreut servieren.

Püree und seine Varianten

Klassisches Kartoffelpüree

Bild Seite 35

Zutaten für 4 Personen:
1 kg mehlige Kartoffeln · Salz · ¼ l Milch ·
geriebene Muskatnuß · 3 Eßl. Butter
Pro Person etwa 1255 Joule/300 Kalorien

● Zubereitungszeit: 40 Minuten

<u>So wird's gemacht:</u> Die Kartoffeln schälen und in Salzwasser in etwa 25 Minuten garen. Die Milch erhitzen. • Die Kartoffeln abgießen und mit einem Stampfer fein zerdrücken. Die heiße Milch nach und nach mit dem Schneebesen unterrühren. Dabei den Topf auf ein feuchtes Tuch stellen, damit er nicht verrutscht. Den Brei mit Salz und Muskat abschmecken. • Die Butter in Flöckchen zugeben und solange weiterschlagen, bis das Püree ganz luftig ist.

> **Mein Tip** Ihr Kartoffelpüree bekommt immer wieder ein anderes Aussehen und eine neue Geschmacksrichtung, wenn Sie es mit Paprikapulver überpudern, mit gehackten frischen Küchenkräutern oder in Butter gebräunten Semmelbröseln bestreuen, goldgelb gebratene Zwiebelringe oder ausgebratene Speckwürfel darübergeben. Sie können es mit Tomatenmark oder Senf, mit geriebenem Meerrettich oder Reibkäse mischen.

Variante: Schneekartoffeln oder Kartoffelschnee
Frisch gekochte Salzkartoffeln heiß durch die Kartoffelpresse drücken und mit Butterflöckchen belegen oder mit zerlassener Butter übergießen, nicht durchmengen, die Kartoffelmasse soll ganz locker flockig bleiben.

Solche Pressen sind zum Durchtreiben gekochter Kartoffeln sehr geeignet.

Erdäpfelkaas

Die alpenländische Spezialität, auf hochdeutsch »Kartoffelkäse«, ist etwas für Leute mit großem Hunger. Ideal für rustikale Feste.

Zutaten für 8 Personen:
1½ kg mehlige Kartoffeln · ¼ l Sahne · ¼ l saure Sahne · 2 große Zwiebeln · Salz · schwarzer Pfeffer
Pro Person etwa 1 260 Joule/300 Kalorien

● Zubereitungszeit: 40 Minuten

<u>So wird's gemacht:</u> Die Kartoffeln waschen und mit der Schale in etwa 25 Minuten gar kochen, schälen und noch heiß in eine Schüssel reiben oder durch die Kartoffelpresse drük-

ken. • Die süße und die saure Sahne gut mit den Kartoffeln vermengen. • Die Zwiebeln schälen, feinhacken und in den Kaas einrühren. Mit Salz und frisch gemahlenem Pfeffer abschmecken. Die Masse erkalten lassen. Und so schmeckt er am besten: Bauernbrotschnitten zuerst mit gesalzener Landbutter, dann dick mit dem Kartoffelkaas bestreichen.

Kartoffelpüree Soubise

Charles de Rohan, Fürst von Soubise, Günstling der Pompadour und der Dubarry, muß auch eine Schwäche für Zwiebeln gehabt haben, denn Püree und feine Saucen aus dem Lauchgewächs sind nach ihm benannt.

Zutaten für 4 Personen:
500 g Kartoffeln · 500 g Zwiebeln · Salz · je
½ Tasse Milch und Sahne · 2 Eigelb · 2 Eßl.
Butter · 1 Prise geriebene Muskatnuß
Pro Person etwa 1260 Joule/300 Kalorien

● Zubereitungszeit: 1 Stunde

So wird's gemacht: Die Kartoffeln schälen und in Würfel schneiden. Die Zwiebeln schälen und grobhacken. Beides mit Salzwasser bedeckt 30 Minuten kochen. • Das Wasser abgießen und die Kartoffel-Zwiebel-Mischung durch ein Sieb passieren. Die Milch mit der Sahne erhitzen, nach und nach mit dem Schneebesen in das Püree schlagen. Das Eigelb und die Butter einrühren. Das Püree mit Salz und dem Muskat abschmecken.

Paßt gut zu: Lamm- und Kalbsbraten

Kartoffel-Knoblauch-Püree

Das ist die griechische Variante zum Kartoffelkaas. Das würzige Püree wird unter anderem gerne als Vorspeise verzehrt.

Zutaten für 4 Personen:
4 große mehlige Kartoffeln · 5 Knoblauchzehen · ½ Tasse Olivenöl · 1–2 Teel. Weinessig · Salz
Pro Person etwa 735 Joule/175 Kalorien

● Zubereitungszeit: 40 Minuten

So wird's gemacht: Die Kartoffeln waschen und in der Schale in etwa 25 Minuten garen. • Die abgekühlten Kartoffeln schälen, in eine Schüssel reiben oder durch die Kartoffelpresse drücken. Die Knoblauchzehen schälen und durch die Presse dazudrücken. Das Olivenöl und den Weinessig darübergießen. Alle Zutaten gut vermengen, mit Salz nach Geschmack würzen.

Großmütterchen-Kartoffeln

Zutaten für 4 Personen:
1 kg mehlige Kartoffeln · Salz · 100 g durchwachsener Speck · 1 große Zwiebel · 1 Bund Petersilie · 3 Eßl. Butter · je 1 Prise getrockneter Majoran und Thymian · ⅛ l Sahne · gut ⅛ l Milch
Pro Person etwa 2265 Joule/540 Kalorien

● Zubereitungszeit: 40 Minuten

So wird's gemacht: Die Kartoffeln waschen, schälen und in Salzwasser in etwa 25 Minuten garen. ● Den Speck in Würfel schneiden. Die Zwiebel schälen und würfeln. Die Petersilie waschen, trockenschwenken und feinhakken. ● Die Butter in einer Pfanne erhitzen und den Speck, die Zwiebel und die Kräuter darin anbraten, bis die Zwiebel goldgelb ist. ● Die Sahne mit der Milch in einem Topf erhitzen. ● Die Kartoffeln abgießen und gut zerstampfen. Die Sahnemilch nach und nach mit dem Schneebesen in die Kartoffelmasse rühren und so lange schlagen, bis der Kartoffelbrei schaumig ist. ● Die Speckmischung in das Püree rühren, das Gericht mit Salz abschmecken.

Paßt gut zu: allen Fleischgerichten, gedünstetem Fisch und Sauerkraut

Kartoffelpüree mit Möhren

Zutaten für 4 Personen:
500 g Möhren · 2 Zwiebeln · 3 Eßl. Öl · gut ⅛ l Wasser · 500 g Kartoffeln · knapp ¼ l Milch · 2 Eßl. Butter · Salz · weißer Pfeffer · 1 Prise geriebene Muskatnuß
Pro Person etwa 1320 Joule/315 Kalorien

● Zubereitungszeit: 1 Stunde

So wird's gemacht: Die Möhren schaben, waschen und in Scheiben schneiden. Die Zwiebeln schälen und würfeln. ● Das Öl in einem großen Topf erhitzen, die Möhren und die Zwiebeln darin anbraten, bis die Zwiebeln

glasig sind. Das Wasser zugießen und alles bei schwacher Hitze zugedeckt köcheln lassen. ● Die Kartoffeln schälen, in Scheiben schneiden und zu den Möhren geben. Etwa 30 Minuten mitkochen lassen. ● Die Milch erhitzen. ● Die Gemüse-Kartoffel-Mischung zerstampfen, die heiße Milch nach und nach mit dem Schneebesen einrühren. Das Püree mit der Butter verfeinern, mit Salz, Pfeffer und dem Muskat abschmecken.

Paßt gut zu: kurz gebratenem Fleisch, Frikadellen oder großen Braten

Stampfkartoffeln mit Endiviensalat

Stampfkartoffeln sind kein Püree. Die kleinen Kartoffelstückchen muß man noch erkennen und beißen können. Mit dem würzig angemachten Endiviensalat gemischt heißt das Gericht im Rheinland »Ärpel mit Schlat«. Es schmeckt warm und kalt gleichermaßen gut.

Zutaten für 4 Personen:
Für die Stampfkartoffeln: 1 kg mehlige Kartoffeln · Salz · 1 Tasse Milch · 3 Eßl. Butter
Für den Salat: 1 großer Kopf Endiviensalat · 2 Zwiebeln · 4 Eßl. Essig · Salz · Pfeffer · 3–4 Eßl. Öl
Pro Person etwa 3520 Joule/390 Kalorien

● Zubereitungszeit: 45 Minuten

So wird's gemacht: Die Kartoffeln waschen, schälen und in grobe Stücke schneiden. Gut mit gesalzenem Wasser bedeckt zum Kochen bringen und in etwa 20 Minuten garen. ● Inzwischen den Endiviensalat putzen, waschen und in feine Streifen schneiden. Die Salatstreifen nochmals waschen und gut abtropfen lassen. • Die Zwiebeln schälen und feinhacken. Den Essig mit reichlich Salz und Pfeffer verrühren, bis das Salz ganz aufgelöst ist. Das Öl und die Zwiebeln einrühren. Die Salatstreifen mit der Marinade vermengen. • Die Milch erhitzen. Die Kartoffeln abgießen, mit der Butter und der Milch grob stampfen. Den angemachten Salat dazugeben und alles locker vermischen.

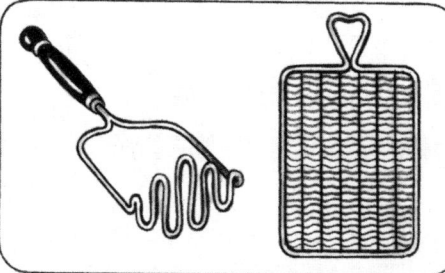

Links ein Kartoffelstampfer, rechts eine moderne Kartoffelreibe, die ideal ist für die Herstellung von Rösti oder Kartoffelpuffern.

Variante: Stampfkartoffeln mit Feldsalat
Die Kartoffeln mit 100–125 g gebratenen durchwachsenen Speckwürfeln und der Milch grob zerstampfen und mit würzig angemachtem Feldsalat vermengen.

Herzoginkartoffeln

Zutaten für 4 Personen:
1 kg Kartoffeln · Salz · 100 g Butter oder Margarine · 3 Eigelb · weißer Pfeffer · 1 Prise geriebene Muskatnuß · 2 Eßl. Butter

Für das Backblech: Öl oder Margarine
Pro Person etwa 2 100 Joule/500 Kalorien

● Zubereitungszeit: 1 Stunde

So wird's gemacht: Die Kartoffeln waschen, schälen, in grobe Würfel schneiden und in etwa 20 Minuten in Salzwasser garen. Dann abgießen, gut ausdampfen lassen und durch die Kartoffelpresse in eine Schüssel drücken. Das Fett in Flocken und ein Eigelb nach dem anderen in die Kartoffelmasse rühren. Mit Pfeffer, dem Muskat und Salz abschmecken. • Den Backofen auf 200° vorheizen. • Das Backblech einfetten. • Die Kartoffelmasse in einen Spritzbeutel mit großer Tülle füllen und etwa 4 cm große Häufchen auf das Backblech spritzen. • Die Butter in einem Pfännchen zerlassen und jedes Häufchen damit bepinseln. • Die Herzoginkartoffeln im Backofen auf der mittleren Schiebeleiste in 15 Minuten goldgelb backen.

> **Mein Tip** Aus der Kartoffelmasse können Sie auch dekorative Kartoffelnester spritzen, die nach dem Backen mit feinem Gemüse oder Pilzen gefüllt werden.

Pikantes Püree aus Peru

Zutaten für 4–6 Personen:
1 kg mehlige Kartoffeln · Salz · 2 Zwiebeln · 2 getrocknete Peperoncini · Saft von 2 Zitronen · schwarzer Pfeffer · 1 Prise Cayennepfeffer · ⅛ l Olivenöl

Zum Garnieren: 4 hartgekochte Eier ·
50 g schwarze Oliven
Pro Person etwa 2815–1870 Joule/670–445
Kalorien

● Zubereitungszeit: 40 Minuten

So wird's gemacht: Die Kartoffeln schälen, in
grobe Würfel schneiden und mit Salzwasser
bedeckt weichkochen. ● Die Zwiebeln schälen und feinhacken. Die Peperonischoten der
Länge nach halbieren, entkernen, waschen
und quer in feine Streifen schneiden. ● Den
Zitronensaft mit wenig Salz, Pfeffer und dem
Cayennepfeffer kräftig mit einer Gabel durchschlagen. Die Zwiebeln und die Peperonischoten zugeben und das Olivenöl langsam
einrühren. ● Die Kartoffeln abgießen und zu
Püree zerstampfen. ● Die Marinade löffelwei-
se mit dem Schneebesen unter das Püree
schlagen. Die Kartoffelspeise auf eine vorgewärmte Platte häufen und mit Eihälften und
den Oliven garnieren.

Paßt gut zu: gebratenem Fisch

Indischer Kartoffelbrei

Zutaten für 4 Personen:
1 kg mehlige Kartoffeln · 2 Zwiebeln · 4 Eßl.
Butter · 3 Eßl. Sahne · 1 Eigelb · Salz · 1 gute
Prise Cayennepfeffer
Pro Person etwa 1 595 Joule/380 Kalorien

● Zubereitungszeit: 45 Minuten

So wird's gemacht: Die Kartoffeln mit der
Schale weich kochen, schälen und gut zerstampfen. ● Die Zwiebeln schälen, mit Wasser
bedeckt etwa 10 Minuten köcheln lassen. Ab-

gießen, sehr fein hacken und mit den Kartoffeln vermischen. ● Die Butter, die Sahne und
das Eigelb mit dem Schneebesen in die Kartoffelmasse einrühren. Mit Salz und dem Cayennepfeffer abschmecken. ● Den Kartoffelbrei auf eine feuerfeste Platte häufen, glattstreichen und mit einer Gabel Muster markie-
ren. Unter dem Grill oder im stark vorgeheizten Backofen hellbraun überbacken.

Paßt gut zu: Hühnerfrikassee, Kalbsgulasch
oder Haschees

Himmel und Erde

Traditionsgemäß wird die rheinisch-westfäli-
sche Spezialität mit gebräunten Zwiebelringen und gebratenen Blutwurstscheiben serviert. Mir schmecken auch Schweinswürstel
oder frische Bratwurst dazu.

Zutaten für 4 Personen:
750 g mehlige Kartoffeln · 750 g säuerliche Äp-
fel · Salz · Pfeffer · 125 g durchwachsener
Speck · 2–3 Eßl. Zucker
Pro Person etwa 2 140 Joule/510 Kalorien

● Zubereitungszeit: 1 Stunde

So wird's gemacht: Die Kartoffeln schälen
und in große Würfel schneiden. Die Äpfel
schälen, achteln und das Kerngehäuse entfernen. ● Die Kartoffeln in einen großen Topf geben, so viel Salzwasser zugießen, daß sie bis
zur Hälfte bedeckt sind. Die Äpfel darauf-
schichten und pfeffern. Alles im geschlossenen Topf 25 Minuten bei mittlerer Hitze kochen lassen. ● Den Speck kleinwürfeln und in
einer Pfanne goldgelb braten. ● Die Kartoffel-

Apfel-Mischung grob zerstampfen, nicht zu Brei drücken. Die Speckwürfel mit dem Fett einrühren. Mit dem Zucker und eventuell mit Salz und Pfeffer abschmecken.

Labskaus

Das alte Seemannsgericht gibt es in vielen Varianten, von ganz schlicht bis hochfein. Nach folgendem Rezept zubereitet schmeckt es sicher nicht nur an der Waterkant.

Zutaten für 6 Personen:
750 g gepökeltes Rindfleisch (ein paar Tage vorher beim Metzger bestellen) · 1 Lorbeerblatt · 8 Pfefferkörner · ½ l Wasser · 1 kg Kartoffeln · 2 Matjesfilets · 3 Zwiebeln · 2 Eßl. Schweineschmalz · Pfeffer
Pro Person etwa 2225 Joule/530 Kalorien

● Zubereitungszeit: 1 Stunde und 45 Minuten

So wird's gemacht: Das Rindfleisch mit dem Lorbeerblatt und den Pfefferkörnern in dem Wasser 1½ Stunden bei schwacher Hitze in einem hohen Topf kochen lassen. Die Kartoffeln schälen, weichkochen, durch die Presse drücken und warmstellen. ● Nach Ende der Garzeit das Fleisch aus der Brühe nehmen und kleinschneiden. ● Die Matjesfilets feinhacken, mit etwas Fleischbrühe fast zu einem Brei rühren und zugedeckt beiseite stellen. ● Die Zwiebeln schälen und feinwürfeln. ● Das Schmalz in einer großen Pfanne erhitzen, die Zwiebeln darin hellgelb braten, das zerkleinerte Fleisch zugeben, alles mit etwas Fleischbrühe verrühren. ● Den Pfanneninhalt und den Heringsbrei zu den Kartoffeln geben, al-les gut mischen und eventuell mehr Fleischbrühe einrühren. Das Gericht kräftig mit Pfeffer abschmecken. Sofort servieren.

Das paßt dazu: Spiegeleier, Salzgurken

Nordländisches Labskaus

Zutaten für 4 Personen:
1 kg Kartoffeln · 750 g festes Fischfilet · Salz · weißer Pfeffer · Saft von ½ Zitrone · 1 große Zwiebel · 4 Eßl. Öl · 3 Eßl. Butter · 1 Eßl. geriebener Meerrettich · etwa ¼ l heiße Milch · 1 Salzgurke
Pro Person etwa 2770 Joule/660 Kalorien

● Zubereitungszeit: 1 Stunde

So wird's gemacht: Die Kartoffeln schälen und in Salzwasser garen. ● Das Fischfilet waschen, abtrocknen und in grobe Würfel schneiden. Mit Salz und Pfeffer würzen und mit dem Zitronensaft beträufeln. Die Zwiebel schälen und nicht zu fein hacken. ● Das Öl in einer großen Pfanne erhitzen, die Zwiebel darin goldgelb braten. Die Fischwürfel zugeben und zugedeckt 15 Minuten bei schwacher Hitze schmoren lassen. ● Die abgegossenen, gut ausgedampften Kartoffeln zerstampfen, die Butter und den Meerrettich zufügen und soviel heiße Milch mit dem Schneebesen einrühren, daß ein nicht zu weiches Püree entsteht. Den Fisch mit der Sauce locker untermischen. ● Das Labskaus auf einer Platte hügelartig anrichten. Die Salzgurke in dünne Scheiben schneiden und das Gericht damit garnieren. Rote-Bete-Salat dazu servieren.

Kartoffeln aus der Pfanne

Bratkartoffeln

Ein richtiges Rezept für Bratkartoffeln gibt es eigentlich nicht. Jeder schwört auf seine eigene Methode. So viel nur:

Gekochte oder rohe Kartoffeln werden geschält und in dünne Scheiben geschnitten. In einer großen Pfanne wird Öl, Butter, Margarine, Palmfett, Schmalz oder gewürfelter Speck erhitzt und die Kartoffelscheiben werden unter öfterem Wenden darin braun gebraten und mit Salz und Pfeffer gewürzt. Nach Geschmack kann man kleine Zwiebelwürfel oder Kümmel mit in die Pfanne geben.

Bratkartoffeln schmecken zu Sülze mit Remouladensauce, kurzgebratenem oder gegrilltem Fleisch, zu Spiegeleiern oder auch nur mit frischem Salat.

> **Mein Tip** Lassen Sie die Pellkartoffeln, aus denen Sie später Bratkartoffeln zubereiten wollen, nicht zu weich kochen. Sie dürfen keinesfalls platzen. Bratkartoffeln werden schneller braun und knusprig, wenn man die Kartoffelscheiben vor dem Braten mit wenig Mehl bestäubt.

Als Beilage kann man Kartoffeln aus der Pfanne immer wieder anders zubereiten. Diese haben dann zuweilen hochtrabende Namen, die Machart hingegen ist denkbar einfach:

Rissolée-Kartoffeln

750 g kleine Kartoffeln in der Schale garen, dann schälen. 50 g Butter in einer großen Pfanne erhitzen, die Kartoffeln zugeben, leicht salzen. Die Kartoffeln etwa 10 Minuten braten, dabei die Pfanne kräftig schütteln. 1 gehäuften Eßlöffel Zucker darüberstreuen und weitere 5 Minuten unter Schütteln bräunen lassen.
Paßt gut zu: jungem Gemüse und gegrilltem Fleisch

Kartoffeln Maître d'Hôtel

750 g gleich große Kartoffeln in der Schale garen, schälen, in mäßig dicke Scheiben schneiden. Diese in eine vorgewärmte Schüssel geben und warm stellen. 50 g Butter in einer kleinen Pfanne zerlassen, 1 geschälte feingehackte Schalotte darin hellgelb werden lassen. Die Pfanne vom Herd nehmen, 2 Eßlöffel gehackte Petersilie, reichlich Salz und Pfeffer und 1–2 Teelöffel Zitronensaft einrühren. Die Buttermischung über die Kartoffeln gießen und 2–3 Minuten durchziehen lassen.
Paßt gut zu: gebackenem Schinken, Kasseler und gekochtem Fisch

Kartoffeln à la Pückler

750 g geschälte Pellkartoffeln in Scheiben schneiden. 3 Eßlöffel Butter in einer Pfanne zerlassen, 1 feingehackte Zwiebel darin glasig braten, die Kartoffeln zugeben, salzen und pfeffern und mit 2 Eßlöffeln gehackter Petersilie bestreuen. Die Kartoffeln unter häufigem Wenden etwa 10 Minuten braten. 1 geschälte durchgepreßte Knoblauchzehe mit 3 Eigelb und 2–3 Eßlöffeln Essig verquirlen. Die Mischung über die Kartoffeln gießen, kurz durchschwenken und sofort servieren.

Paßt gut zu: gekochtem oder gebratenem Fisch

Selbstgemachtes Klassisches Kartoffelpüree ist eine ▷ Delikatesse und gelingt mit Hilfe dieser Bilder bestimmt. Rezept Seite 27.

Tiroler Gröstl

In das echte Gröstl gehört nur gekochtes Ochsenfleisch, Schweinebraten oder Schinken, ließ ich mir sagen. Meine Version ist etwas großzügiger, ich verwende Bratenreste, welcher Art auch immer, und auch Hartwurstreste. Reklamationen gab es noch nie.

Zutaten für 4 Personen:
500 g Pellkartoffeln · 1 große Zwiebel · 50 g fetter Speck · 350 g gekochtes Ochsenfleisch oder 300 g Bratenreste, Schinken oder Hartwurst · 4 Eßl. Öl · Salz · schwarzer Pfeffer · 1 Bund Petersilie · ½ Bund Schnittlauch · 2 Eier · 4 Eßl. Mineralwasser
Pro Person etwa 3150 Joule/750 Kalorien

● Zubereitungszeit: 35 Minuten

So wird's gemacht: Die abgekühlten oder kalten Pellkartoffeln schälen und in nicht zu kleine Würfel schneiden. Die Zwiebel schälen und in Scheiben schneiden. Den Speck würfeln, das Fleisch oder die Wurst in kleine Würfel schneiden. ● Das Öl in einer großen Pfanne erhitzen und den Speck darin ausbraten. Die Zwiebel und die Kartoffeln zugeben, salzen und pfeffern und unter häufigem Wenden goldbraun braten. ● Die Petersilie feinhacken, den Schnittlauch kleinschneiden und über das Gröstl streuen. ● Die Eier mit dem Mineralwasser verquirlen, in die Pfanne gießen und bei milder Hitze stocken lassen.

Das paßt dazu: grüner Salat oder Tomatensalat

Hoppelpoppel

In Berlin heißt ein Gröstl ähnlicher Art Hoppelpoppel. Zusätzlich werden kleingeschnittene Gewürzgurken eingemischt. Lassen Sie auch hier nach Geschmack und Restbeständen das in die Pfanne mit hineinhoppeln, was Ihnen gefällt. Hier mein Vorschlag:

Zutaten für 4 Personen:
600 g Pellkartoffeln · 1 Zwiebel · 4 Eßl. Bratfett · Salz · Pfeffer · ½ Teel. Kümmel · 250 g beliebige Bratenreste oder gekochter Schinken · 1 große Gewürzgurke · 1 Bund Petersilie · 4 Eier · 4 Eßl. saure Sahne · 1 Prise geriebene Muskatnuß
Pro Person etwa 2310 Joule/550 Kalorien

● Zubereitungszeit: 35 Minuten

So wird's gemacht: Die Kartoffeln schälen und in Scheiben schneiden. Die Zwiebel schälen und feinhacken. ● Das Bratfett in einer großen Pfanne erhitzen und die Zwiebel darin glasig braten. Die Kartoffeln zugeben, salzen, pfeffern, mit dem Kümmel bestreuen und unter häufigem Wenden goldgelb werden lassen. ● Die Bratenreste oder den Schinken und die Gewürzgurke in Streifen schneiden und unter die Kartoffeln mischen. ● Die gewaschene Petersilie feinhacken. ● Die Eier mit der sauren Sahne und der Petersilie verquirlen, mit dem Muskat und leicht mit Salz und Pfeffer würzen. Das Eigemisch über die Kartoffeln gießen und bei schwacher Hitze stocken lassen.

◁ Bunter Pillekuchen ist zusammen mit einem Salat eine herzhafte gesunde Mahlzeit. Rezept Seite 40.

Katalanische Tortilla

Tortillas sind dünnfladige Brote aus Maismehl. In Spanien nennt man auch sättigende Eierkuchen, die mit verschiedenen Zutaten wie Kartoffeln, Gemüse, Pilzen, Garnelen, Hühnerfleisch, Schinken, Wurst und Oliven beliebig zubereitet werden, Tortillas.

Zutaten für 4 Personen:
3 große Kartoffeln · 1 Zwiebel · 4 Eßl. Öl ·
Salz · weißer Pfeffer · 5 Eier · 3 Eßl. Sahne ·
½ Teel. edelsüßes Paprikapulver · 150 g geräucherte Knoblauchwurst · 50 g geriebener
Emmentaler Käse · ½ Bund Schnittlauch
Pro Person etwa 1850 Joule/440 Kalorien

● Zubereitungszeit: 30 Minuten

So wird's gemacht: Die Kartoffeln schälen und in kleine Würfel schneiden. Die Zwiebel schälen und sehr fein hacken. • 3 Eßlöffel Öl in einer großen Pfanne erhitzen und die abgetrockneten Kartoffelwürfel darin unter öfterem Wenden knusprig braten. Mit Salz und Pfeffer würzen. • Die Eier mit der Sahne, der Zwiebel und dem Paprikapulver verquirlen. • Das restliche Öl in die Pfanne geben und die Eimischung über die Kartoffeln gießen. • Die Wurst häuten, in Scheiben schneiden und auf die Eimasse verteilen. Den geriebenen Käse darüberstreuen. Zugedeckt bei schwacher Hitze etwa 5 Minuten braten lassen. • Den gewaschenen Schnittlauch kleinschneiden und über die Tortilla streuen.

Schwedisches Haschee

Kartoffeln, Fleisch und Schinken müssen gleich groß geschnitten werden, dann ist der Schmaus für Augen und Gaumen perfekt.

Zutaten für 4 Personen:
6 mittelgroße Kartoffeln · 500 g gekochtes oder gebratenes Rind- oder Lammfleisch · 150 g roher Schinken im Stück · 2 Eßl. Öl · 3 Eßl. Butter · 2 Zwiebeln · Salz · Pfeffer · ½ Bund Petersilie oder Dill · 4 Eigelb
Pro Person etwa 3150 Joule/750 Kalorien

● Zubereitungszeit: 45 Minuten

So wird's gemacht: Die Kartoffeln schälen und in etwa ½ cm große Würfel schneiden. Das Fleisch und den Schinken in gleich große Würfel schneiden. • Das Öl und 2 Eßlöffel Butter in einer großen Pfanne heiß werden lassen und die Kartoffelwürfel bei mittlerer Hitze unter öfterem Wenden in 15–20 Minuten goldbraun braten. Die Kartoffeln aus der Pfanne heben und beiseite stellen. • Die Zwiebeln schälen und feinhacken. In der Pfanne 1 Eßlöffel Butter erhitzen und die Zwiebeln darin glasig braten. Die Fleisch- und Schinkenwürfel zugeben und etwa 10 Minuten bei schwacher Hitze mitbraten, dabei öfter durchrühren. • Die Kartoffeln wieder in die Pfanne geben, unter die Fleischmischung heben, heiß werden lassen und abschmecken. • Die gewaschene Petersilie (oder den Dill) kleinhakken. • Das Haschee auf Portionstellern anrichten, mit der Petersilie bestreuen, in die Mitte eine Vertiefung drücken und je ein Eigelb hineinsetzen. Jeder mischt sich das Eigelb selbst unter das Haschee.

Bauernerdäpfel

750 g Pellkartoffeln · 2 Brötchen vom Vortag ·
50 g fetter Speck · 150 g beliebige Hart- oder
Kochwurst · 1 Zwiebel · 2 kleine Essiggurken ·
1 Bund Petersilie · je 1 gute Prise getrockneter
Majoran und Paprikapulver · 3 Eier ·
⅛ l Milch · Salz · schwarzer Pfeffer
Pro Person etwa 2645 Joule/630 Kalorien

● Zubereitungszeit: 35 Minuten

So wird's gemacht: Die Kartoffeln schälen
und in Würfel schneiden. Die Brötchen ebenfalls würfeln. ● Den Speck und die Wurst in
kleine Würfel schneiden. Die Zwiebel schälen
und feinhacken. Die Essiggurken in Streifen
schneiden. Die gewaschene Petersilie grobhacken. ● Den Speck in einer großen Pfanne
ausbraten. Die Zwiebel, die Hälfte der Petersilie, den Majoran und die Wurstwürfel zugeben, unter Rühren 3 Minuten anbraten. Die
Brötchenwürfel zugeben und mitbraten lassen. ● Die Kartoffeln in die Pfanne geben, mit
Salz und dem Paprikapulver würzen. Unter
häufigem Wenden alles braten lassen, bis die
Kartoffeln goldbraun und knusprig sind. Die
Gurken zufügen. ● Die Eier mit der Milch verquirlen und über das Gröstl gießen. Bei
schwacher Hitze stocken lassen. Die restliche
Petersilie darüberstreuen.

Kartoffelpuffer

Kartoffelpuffer, Reibekuchen oder Reiber-
datschi ißt man am besten gleich in der Küche,
aus der Pfanne. Ganz frisch und knusprig
schmecken sie am besten.

Zutaten für 4 Personen:
1 kg mehlige Kartoffeln · 2 große Zwiebeln ·
2 Eier · Salz
Zum Braten: gut ⅛ l Öl oder Bratfett
Pro Person etwa 2160 Joule/515 Kalorien

● Zubereitungszeit: 1 Stunde

So wird's gemacht: Die Kartoffeln schälen
und auf der feinen Seite einer Reibe in eine
Schüssel reiben. Die Zwiebeln schälen und
dazureiben. Die Eier in die Kartoffelmasse
rühren und mit Salz abschmecken. ● Das Öl
oder Fett in einer großen Pfanne erhitzen. Pro
Kartoffelpuffer einen Eßlöffel Teig in die
Pfanne geben und zu dünnen Fladen verstrei-
chen. Die Kartoffelpuffer auf jeder Seite in
3 Minuten knusprig braten.

Das paßt dazu: Apfelmus oder Pflaumenkom-
pott oder Schwarzbrot mit Butter und Apfel-
kraut oder Möhrensirup

Mein Tip Auch wenn der Teig etwas flüssig ist, möglichst kein Mehl
einrühren. Das macht die Kartoffelpuffer zäh und stumpf. Wenn die geriebenen Kartoffeln allzu wässerig
sind, in ein Küchentuch geben und
leicht ausdrücken.

Variante: Thüringer Kartoffelpuffer
6 mittelgroße geschälte Kartoffeln reiben und
kurze Zeit auf einem Sieb abtropfen lassen,
nicht ausdrücken. 2 gekochte Kartoffeln dazureiben. 2 Eigelb, Salz und so viel Milch einrühren, daß ein dünner Teig entsteht. Zuletzt das
steifgeschlagene Eiweiß unterziehen. Aus der

Masse in heißem Öl oder Schmalz sehr dünne Küchlein ausbacken.

Variante: Schlesische Bauernpuffer
125 g Sauerkraut mit 2 Eßlöffeln Graupen (Rollgerste) in wenig Wasser weichkochen. 1 feingehackte, in Fett goldgelb gebratene Zwiebel dazugeben. Die Masse abkühlen lassen. 500 g geschälte Kartoffeln zum Kraut reiben. 1 Ei unterrühren, mit Salz und Kümmel würzen. Aus dem Teig in heißem Fett dünne Puffer ausbacken.

Raspelkuchen

Der Raspelkuchen ist die skandinavische Abart unserer Kartoffelpuffer. Obwohl die Zutaten ähnlich sind, schmeckt er ganz anders.

Zutaten für 4 Personen:
1 kg Kartoffeln · 1 Bund Schnittlauch · 2 Teel. Salz · schwarzer Pfeffer · 4 Eßl. Öl · 4 Eßl. Butter
Pro Person etwa 1720 Joule/410 Kalorien

● Zubereitungszeit: 50 Minuten

So wird's gemacht: Die Kartoffeln schälen und auf einer groben Reibe in eine Schüssel raspeln. Den gewaschenen Schnittlauch kleinschneiden. ● Die Kartoffelraspeln mit dem Schnittlauch, dem Salz und etwas Pfeffer mischen. ● Jeweils 1 Eßlöffel Öl und 1 Eßlöffel Butter in einer großen Pfanne stark erhitzen. Für jedes Küchlein 2–3 Eßlöffel Kartoffelmasse in die Pfanne geben und mit dem Bratenwender zu dünnen Fladen ausstreichen. Die Kartoffelkuchen bei mittlerer Hitze

2–3 Minuten auf jeder Seite knusprig braten. Sofort servieren.

Das paßt dazu: kurzgebratenes Fleisch oder gebratener Frühstücksspeck und frischer Salat

Mein Tip Achten Sie darauf, daß das Fett beim Braten von Kartoffelkuchen und Puffern rauchend heiß ist, sonst saugen sich die Küchlein voll Fett, bräunen schlecht und liegen zu schwer im Magen.

Schweizer Rösti

Das ist die schweizerische Art, Bratkartoffeln zuzubereiten. Die Rösti schmecken am besten zu Fleischgerichten mit Sauce.

Zutaten für 4 Personen:
750 g Pellkartoffeln, am Vortag gekocht · Salz · 80 g Butter
Pro Person etwa 1195 Joule/285 Kalorien

● Zubereitungszeit: 45 Minuten

So wird's gemacht: Die Pellkartoffeln schälen, grob raspeln und mit Salz bestreuen. ● Gut die Hälfte der Butter in einer großen Pfanne erhitzen. Die Kartoffeln hineingeben und mit dem Bratenwender zu einem Fladen flachdrücken. 15 Minuten bei milder bis mittlerer Hitze braten. ● Die Rösti aus der Pfanne auf eine flache Platte gleiten lassen. Die restliche Butter in der Pfanne erhitzen und die Rösti auf der zweiten Seite in 15 Minuten goldgelb braten.

Variante: Die Rösti aus einer Mischung von 350 g rohen geraspelten Kartoffeln, 350 g geraspelten Pellkartoffeln und 1 feingehackten Zwiebel zubereiten.

Variante: Gestürzte Kartoffeln

750 g geschälte grobgeraspelte Pellkartoffeln mit 1 gehackten Zwiebel und Salz in 50 g Butter unter gelegentlichem Wenden goldbraun braten. In einer zweiten Pfanne 1 Eßlöffel Butter zerlassen, 1–2 Eßlöffel Semmelbrösel einrühren, die Kartoffeln einfüllen und mit dem Bratenwender festdrücken. 5 Minuten bei milder Hitze braten. Eine Platte vorwärmen und das Rösti vorsichtig darauf gleiten lassen.

Bunter Pillekuchen

Bild Seite 36

Zutaten für 4 Personen:
100 g Mehl · 3 Eier · ¼ l Milch · Salz · 500 g Kartoffeln · 3 Eßl. Öl · 100 g durchwachsener Speck · 2 Zwiebeln · je ½ große grüne und rote Paprikaschote · 1 Teel. Butter · ½ Bund Schnittlauch oder Petersilie
Pro Person etwa 2 395 Joule/575 Kalorien

● Zubereitungszeit: 55 Minuten

So wird's gemacht: Aus dem Mehl, den Eiern, der Milch und Salz einen glatten Teig rühren. ● Die Kartoffeln schälen und in dünne Stifte schneiden. ● Das Öl in einer Pfanne erhitzen und die Kartoffelstifte darin anbraten, salzen und unter öfterem Wenden 20 Minuten braten. ● Den Speck in kleine Würfel schneiden. Die Zwiebeln schälen und feinhacken.

Die Paprikaschoten putzen, waschen und kleinschneiden. ● Den Speck in einer zweiten Pfanne mit der Butter glasig braten. Die Zwiebeln und die Paprikaschoten zugeben und 5–10 Minuten mitschmoren lassen. ● Die Speckmischung in die Kartoffelpfanne einmengen. Den Eierkuchenteig darübergießen und bei milder Hitze stocken lassen. ● Den Pillekuchen mit der Bratenschaufel vom Pfannenboden lösen, auf einen gefetteten Deckel gleiten lassen, zurück in die Pfanne stürzen und noch 5 Minuten braten. ● Den Schnittlauch oder die Petersilie feinhacken und über den Kuchen streuen.

Schnibbelskuchen

Der rheinische Pfannkuchen wird von Familie zu Familie anders zubereitet und jeder schwört auf sein Spezialrezept. Mein Schnibbelskuchen heißt in Westfalen auch Schnippelkuchen.

Zutaten für 4 Personen:
50 g Mehl · 3 Eier · ⅛ l Milch · Salz · weißer Pfeffer · 750 g Kartoffeln · 6 Eßl. Öl · 125 g durchwachsener Speck · 2 Zwiebeln · 1 Teel. Butter
Pro Person etwa 2 533 Joule/605 Kalorien

● Zubereitungszeit: 50 Minuten

So wird's gemacht: Das Mehl, die Eier und die Milch mit dem Schneebesen gut verrühren, mit etwas Salz und Pfeffer würzen. ● Die Kartoffeln schälen und zuerst in etwa ½ cm dicke Scheiben, dann in Stifte schneiden. ● Das Öl in einer großen Pfanne erhitzen. Die Kartoffeln hineingeben, leicht salzen und unter öfterem Wenden 20 Minuten braten. • Den Speck in kleine Würfel schneiden. Die Zwiebeln schälen und feinhacken. Beides in einer zweiten kleinen Pfanne mit der Butter goldgelb braten. • Die Mischung zu den Kartoffeln geben und mit dem Bratenwender unterheben. Den Eierteig darübergießen und bei milder Hitze stocken lassen. • Den Schnibbelskuchen mit der Bratenschaufel vom Pfannenboden lockern und auf einen gefetteten Deckel gleiten lassen, zurück in die Pfanne stürzen und noch 5 Minuten braten.

Das paßt dazu: Feld- oder Kopfsalat

Französisches Bauernomelette

Zutaten für 4 Personen:
6 mittelgroße Pellkartoffeln · 100 g Schinkenspeck · 6 Eier · 125 g geriebener Pyrenäen Käse mit Kümmel · 2 Eßl. Dosenmilch · 3 Eßl. Butter · Salz · Pfeffer
Pro Person etwa 2290 Joule/545 Kalorien

● Zubereitungszeit: 20 Minuten

So wird's gemacht: Die Kartoffeln schälen und in Scheiben schneiden. Den Schinkenspeck in Streifen schneiden. Die Eier mit der Hälfte des Käses und mit der Dosenmilch verquirlen. • Die Butter in einer großen Pfanne zerlassen und die Schinkenspeckstreifen darin glasig braten. Die Kartoffeln dazugeben und unter mehrfachem Wenden goldgelb braten. Die Eimasse darübergießen, leicht mit Salz und Pfeffer würzen. Mit einer Bratenschaufel rundherum am Rand öfter anheben. • Sobald

die Masse gestockt ist, das Omelett mit Hilfe eines Deckels wenden und den restlichen Käse darüberstreuen. Den Deckel auf die Pfanne legen und das Omelett bei ganz schwacher Hitze weiterbraten, bis der Käse geschmolzen ist.

Kartoffelfrikadellen

Zutaten für 4 Personen:
750 g Kartoffeln · Salz · 100 g durchwachsener Speck · 2 Zwiebeln · 1 Eßl. Butter · 200 g Landleberwurst · 2 Eier · weißer Pfeffer · ½ Teel. getrockneter Majoran · 3 Eßl. Semmelbrösel
Zum Braten: 3 Eßl. Butter oder Margarine
Pro Person etwa 2815 Joule/670 Kalorien

● Zubereitungszeit: 1 Stunde

So wird's gemacht: Die Kartoffeln schälen und in Salzwasser weichkochen. • Den Speck in kleine Würfel schneiden. Die Zwiebeln schälen und feinhacken. Die Butter in einer Pfanne erhitzen, den Speck und die Zwiebeln darin hellgelb braten. • Die Kartoffeln abgießen, durch die Presse drücken oder gut zerstampfen. Die Speck-Zwiebelmischung einmengen. Die Leberwurst und die Eier mit einer Gabel in den Kartoffelbrei einarbeiten, mit Salz, Pfeffer und dem Majoran abschmekken. • Die Masse mit den Händen zu Frikadellen formen und in den Semmelbröseln wenden. • Das Fett in einer großen Pfanne heiß werden lassen und die Kartoffelfrikadellen auf beiden Seiten darin goldbraun braten.

Das paßt dazu: Tomatensalat oder grüner Salat

Aufläufe, Gratins und Soufflées

Schwedischer Kartoffelauflauf

Zutaten für 6 Personen:
5 Zwiebeln · 2 Dosen Anchovisfilets · 1 kg Kartoffeln · ½ l Sahne · 2 Eßl. Semmelbrösel ·
1 Eßl. Butter
Für die Form: Butter
Pro Person etwa 2060 Joule/490 Kalorien

● Zubereitungszeit: 30 Minuten
● Backzeit: 1 Stunde

So wird's gemacht: Die Zwiebeln schälen und in sehr feine Scheiben schneiden. Die Anchovisfilets abtropfen lassen (das Öl dabei auffangen) und zerkleinern. Die Kartoffeln schälen und in bleistiftdünne, etwa 5 cm lange Stifte schneiden. • Eine große, flache feuerfeste Form gut mit Butter ausstreichen. Den Backofen auf 220° vorheizen. • Die Kartoffeln mit Küchenkrepp trockentupfen. Die Hälfte der Kartoffeln mit den Zwiebelscheiben mischen und in die Form füllen. Die Anchovisstückchen darauf verteilen und die restlichen Kartoffeln darübergeben. Die Mischung mit dem Bratenwender festdrücken. Ein wenig Anchovisöl darüberträufeln und die Sahne über den Auflauf verteilen. Mit den Semmelbröseln bestreuen und die Butter in Flöckchen daraufsetzen. • Den Auflauf im Ofen auf der zweiten Schiebeleiste von unten etwa 1 Stunde backen.

Variante: Die Zwiebelscheiben in 2 Eßlöffeln Butter und 2 Eßlöffeln Öl hellgelb braten. Die geschälten Kartoffeln in dünne Scheiben schneiden. Die Kartoffeln abwechselnd mit den Zwiebeln und den Anchovisstückchen in die Form füllen. Auf die oberste Kartoffelschicht die Semmelbrösel streuen und mit 2 Eßlöffeln Butterflöckchen belegen. ½ Tasse Milch und 1 Tasse Sahne mischen, stark erhitzen und über die Kartoffeln gießen. Den Auflauf etwa 45 Minuten im Ofen auf der mittleren Schiebeleiste backen.

Auflauf Parmentier

Zutaten für 4 Personen:
1 kg Kartoffeln · Salz · 4 Eier · weißer Pfeffer · 5 Eßl. Sahne · 100 g Butter · 100 g geriebener Emmentaler Käse · 1 Eßl. Semmelbrösel · 1 Eßl. Butter
Für die Form: Butter
Pro Person etwa 3445 Joule/820 Kalorien

● Zubereitungszeit: 1 Stunde

So wird's gemacht: Die Kartoffeln schälen und in Salzwasser weichkochen. • Die Eier in Eiweiß und Eigelb trennen. Das Eigelb mit etwas Pfeffer und Salz und der Sahne verquirlen. Das Eiweiß zu steifem Schnee schlagen. • Den Backofen auf 220° vorheizen. • Die Kartoffeln abgießen, noch heiß durch die Presse drücken und mit der Butter und dem geriebenen Emmentaler mischen. Die Eiersahne zugießen und alles mit dem Schneebesen so lange schlagen, bis die Kartoffelmasse schaumig ist. Den Eischnee locker unterziehen. • Eine feuerfeste Form mit Butter ausstreichen. Die Kartoffelmasse einfüllen, mit Semmelbröseln bestreuen und die Butter in Flöckchen daraufsetzen. Den Auflauf im Ofen auf der mittleren Schiebeleiste 20 Minuten backen.

Das paßt dazu: Tomatensalat

Kartoffel-Matjes-Auflauf

Zutaten für 4 Personen:
1 kg Pellkartoffeln · 2 Zwiebeln · 75 g durch-
wachsener Speck · 4 Matjesfilets · 1 Bund
Dill · 1 Eßl. Butter · Salz · Pfeffer · ¼ l Sahne
Für die Form: Butter
Pro Person etwa 3 465 Joule/825 Kalorien

- Zubereitungszeit: 25 Minuten
- Backzeit: 45 Minuten

So wird's gemacht: Die Kartoffeln schälen
und in Scheiben schneiden. Die Zwiebeln
schälen und feinhacken. Den Speck würfeln.
Die Matjesfilets quer in Streifen schneiden.
Den gewaschenen Dill feinhacken. • Eine
feuerfeste Form mit Butter einfetten. • Die
Butter in einer Pfanne heiß werden lassen und
den Speck und die Zwiebeln darin glasig braten. • Die Hälfte der Kartoffeln und der Zwiebelmischung in die Form füllen, die Matjes-
streifen darüber verteilen, mit dem Dill bestreuen. Die restlichen Kartoffeln und die restliche Zwiebelmischung darübergeben, leicht
salzen und pfeffern. Mit der Sahne übergießen. • Den Auflauf in den kalten Ofen schieben und bei 200° etwa 45 Minuten backen.

Das paßt dazu: gemischter Feld- und Radic-
chiosalat

Italienischer Kartoffelauflauf

Zutaten für 4 Personen:
750 g Kartoffeln · 750 g Tomaten · 125 g gerie-
bener Emmentaler Käse · ¼ l saure Sahne ·
4–6 Knoblauchzehen · Salz · schwarzer Pfef-
fer · 2 Teel. getrockneter Rosmarin · 5 Eßl.
Olivenöl · 2–3 Eßl. Semmelbrösel
Für die Form: Butter
Pro Person etwa 1 946 Joule/465 Kalorien

- Zubereitungszeit: 40 Minuten
- Backzeit: 15–20 Minuten

So wird's gemacht: Die Kartoffeln mit der
Schale nicht zu weich kochen. Inzwischen die
Tomaten waschen, abtrocknen und in dicke
Scheiben schneiden, den grünen Stengelan-
satz entfernen. Den Käse mit der sauren Sahne verrühren. Die geschälten Knoblauchzehen durch die Knoblauchpresse dazudrücken,
nochmals durchrühren. • Die Kartoffeln abgießen, schälen und in Scheiben schneiden. •
Eine feuerfeste Form gut mit Butter bestreichen. • Den Backofen auf 220° vorheizen. •
Lagenweise die Kartoffeln und die Tomaten
in die Form schichten. Jede Lage mit Salz,
Pfeffer und dem Rosmarin würzen, mit Olivenöl beträufeln und etwas von der Käsesahne dazugeben. Die oberste Kartoffelschicht
mit der restlichen Käsesahne begießen, mit
den Semmelbröseln bestreuen und mit Olivenöl beträufeln. • Den Auflauf auf der mittleren Schiebeleiste des Backofens 15–20 Minuten backen.

Gut geeignet für eine sättigende Mittagsmahlzeit: ▷
Pikanter Kartoffelauflauf. Rezept auf dieser Seite.

Kartoffelsoufflée

Zutaten für 4 Personen:
600 g Kartoffeln · Salz · 4 Eßl. Butter ·
¼ l saure Sahne · Salz · weißer Pfeffer ·
1 Messerspitze geriebene Muskatnuß · 3 Eier
Für die Form: Butter
Pro Person etwa 1590 Joule/380 Kalorien

● Zubereitungszeit: 40 Minuten
● Backzeit: etwa 30 Minuten

So wird's gemacht: Die Kartoffeln schälen
und in Salzwasser weichkochen, dann abgießen und durch die Presse drücken oder gut
zerstampfen. • Die Butter und die saure Sahne
einrühren, mit den Gewürzen abschmecken. •
Die Eier in Eiweiß und Eigelb trennen. Das
Eigelb verquirlen und mit dem Schneebesen
in den Kartoffelbrei rühren. Das Eiweiß zu
steifem Schnee schlagen und vorsichtig unter
die Kartoffelmasse heben. • Den Backofen
auf 180°–200° vorheizen. • Eine flache feuerfeste Form gut mit Butter ausstreichen. Die
Kartoffelmasse in die Form füllen, die Ober-
fläche glattstreichen. Das Soufflée auf der
mittleren Schiene des Ofens etwa 30 Minuten
backen. Sofort servieren.

Paßt gut zu: feinen Ragouts und feinen Gemü-
sen

Variante: Feiner Kartoffelrand
500 g heiß durchgepreßte Kartoffeln mit
4 Eßlöffeln Butter, 3 Eigelb, 2 Eßlöffeln gerie-
benem Parmesankäse und Salz gut vermengen. Steifgeschlagener Schnee von 3 Eiweiß
unterziehen. Die Masse in eine gut gebutterte,
mit Semmelbröseln ausgestreute Ringform

füllen. Im vorgeheizten Backofen bei 200°
etwa 30 Minuten backen. Die Form auf eine
vorgewärmte Platte stürzen und mit Gulasch,
Ragout, geschmorten Pilzen oder Gemüse füllen.

Pikanter Kartoffelauflauf

Bild nebenstehend

Zutaten für 4 Personen:
500 g mageres Schweinefleisch · 50 g durch-
wachsener Speck · 2 Zwiebeln · 2 Knoblauch-
zehen · 3 Eßl. Öl · 2 Stangen Lauch · 1 große
grüne Paprikaschote · 4 Tomaten · 500 g Kar-
toffeln · Salz · schwarzer Pfeffer · je 1 Teel.
edelsüßes Paprikapulver, gemahlener Kümmel
und getrockneter Thymian · 2 Eßl. Butter ·
250 g saure Sahne · 2 Eier · 2 Eßl. geriebener
Parmesankäse · 1 gehäufter Eßl. Semmel-
brösel
Für die Form: 1 Eßl. Butter oder Margarine
Pro Person etwa 3 065 Joule/730 Kalorien

● Zubereitungszeit: 35 Minuten
● Backzeit: 1 Stunde und 15 Minuten

So wird's gemacht: Das Schweinefleisch in
mittelgroße Würfel, den Speck in kleine Würfel schneiden. Die Zwiebeln und die Knoblauchzehen schälen und feinhacken. • Das Öl
in einer Pfanne erhitzen und das Schweinefleisch darin rundherum braun anbraten,
dann herausheben. • In der gleichen Pfanne
den Speck auslassen, die Zwiebeln und die
Knoblauchzehen zugeben und glasig braten.
Die Pfanne vom Herd nehmen. • Den Lauch
putzen, waschen und in Scheiben schneiden.

◁ Ein »Auflauf«, der phantastisch gut schmeckt: Gratin dauphinois. Rezept auf dieser Seite.

Die Paprikaschote putzen, waschen und in Streifen schneiden. Die Tomaten überbrühen, häuten und achteln, dabei die Stengelansätze herausschneiden. Die Kartoffeln schälen und in Scheiben schneiden. • Den Backofen auf 220° vorheizen. • Eine feuerfeste Form ausfetten, mit der Hälfte der Kartoffelscheiben auslegen, darauf die Hälfte des Gemüses geben, das Fleisch darüber verteilen und mit dem restlichen Gemüse und den restlichen Kartoffelscheiben bedecken. Jede Lage salzen, pfeffern und mit den Gewürzen bestreuen. Die Hälfte der Butter in Flöckchen daraufsetzen. • Die Form zugedeckt für 1 Stunde in den Ofen schieben. • Die Sahne mit den Eiern, etwas Salz, Pfeffer und Paprikapulver verquirlen und über den Auflauf gießen. Mit dem Käse und den Semmelbröseln bestreuen, mit Butterflöckchen besetzen. • Den Auflauf ohne Deckel weitere 15 Minuten überbacken.

Gratin dauphinois
Bild nebenstehend

Die französischen Kronprinzen führten jahrhundertelang, von 1349 bis 1830, den Titel Dauphin. Ob das Rezept auch schon so alt ist, läßt sich schwer ermitteln. Der Auflauf jedenfalls schmeckt wahrhaft »prinzlich«.

Zutaten für 4–6 Personen:
1 kg speckige Kartoffeln · Salz · Pfeffer ·
1 gute Prise geriebene Muskatnuß · 2 Eier ·
¼ l Sahne · ¼ l Milch · 2 Knoblauchzehen ·
4 Eßl. Butter · 150 g geriebener Gruyerzer oder
Emmentaler Käse
Pro Person etwa 2 595 Joule/620 Kalorien

• Zubereitungszeit: 20 Minuten
• Backzeit: 50–60 Minuten

So wird's gemacht: Die Kartoffeln schälen und in dünne Scheiben schneiden. Die Kartoffelscheiben mit kaltem Wasser abspülen und mit Küchenkrepp trockentupfen, in einer Schüssel mit Salz, Pfeffer und der geriebenen Muskatnuß mischen. • Die Eier mit der Sahne und der Milch verquirlen, leicht salzen. • Eine große, flache feuerfeste Form oder eine Bratreine mit den geschälten zerdrückten Knoblauchzehen und der Hälfte der Butter ausstreichen. • Den Backofen auf 200 ° vorheizen. • Die gewürzten Kartoffelscheiben dachziegelartig in 3 Schichten in die Form legen. Jede Schicht mit etwas Eiermilch beträufeln und mit etwas Reibkäse bestreuen. Die letzte Kartoffelschicht dick mit dem Reibkäse bestreuen, die restliche Eiermilch angießen und die Butter in Flöckchen darauf setzen. • Den Auflauf etwa 1 Stunde im Ofen auf der mittleren Schiene backen. • Nach 30 Minuten Backzeit die Form mit Alufolie abdecken.

Kartoffel-Spinat-Gratin

Zutaten für 4 Personen:
1 kg Spinat · Salz · weißer Pfeffer · geriebene
Muskatnuß · 1 kg Kartoffeln · 1 l Fleischbrühe · 200 g alter Gouda Käse · ¼ l Sahne ·
4 Eigelb · 3 Eßl. Butter
Pro Person etwa 3485 Joule/830 Kalorien

• Zubereitungszeit: 50 Minuten
• Backzeit: 50–60 Minuten

So wird's gemacht: Den Spinat verlesen, gründlich waschen, tropfnaß in einem Topf bei schwacher Hitze zusammenfallen lassen. Kräftig mit Salz, Pfeffer und Muskat würzen. Den Spinat in ein Sieb geben und gut abtropfen lassen. • Die Kartoffeln schälen und in sehr dünne Scheiben schneiden. Die Fleischbrühe zum Kochen bringen und die Kartoffelscheiben darin 3 Minuten kochen. Durch ein Sieb abgießen, die Brühe auffangen und später anderweitig verwenden. • Den Käse feinraspeln. Die Sahne mit den Eigelb verquirlen, leicht salzen und mit Muskat würzen. • Eine feuerfeste Form mit Butter einfetten. Den Backofen auf 180° vorheizen. • Eine Schicht Kartoffeln ziegelartig in die Form legen, mit Käse bestreuen und eine Lage Spinat daraufgeben. So fortfahren, bis zur letzten Schicht Kartoffeln. Mit dem restlichen Käse dick bestreuen und die Eiersahne darübergießen. Die restliche Butter in Flöckchen daraufsetzen. • Den Gratin im Ofen 50–60 Minuten auf der zweiten Schiebeleiste von unten backen.

Das paßt dazu: gekochter oder roher Schinken

Kartoffelgratin

Titelbild

Zutaten für 4 Personen:
1 kg Kartoffeln · 2 Zwiebeln · 100 g durchwachsener Speck · 200 g Edamer- oder Chester Käsescheibletten · 3 Eier · 4 Eßl. Dosenmilch · Salz · schwarzer Pfeffer · 1 Teel. edelsüßes Paprikapulver · 2 Eßl. Butter
Pro Person etwa 2940 Joule/700 Kalorien

● Zubereitungszeit: 1 Stunde

So wird's gemacht: Die Kartoffeln in der Schale mit Wasser bedeckt in 25 Minuten garen. Die Zwiebeln schälen und feinhacken. Den Speck in kleine Würfel schneiden. • Den Speck mit den Zwiebeln in einem Pfännchen glasig braten. Die Mischung auf dem Boden einer großen, flachen feuerfesten Form verteilen. • Die Kartoffeln schälen und in Scheiben schneiden. Den Käse in Größe der Kartoffelscheiben zurechtschneiden. Die Kartoffeln und den Käse schuppenförmig in die Form einschichten. • Den Backofen auf 220° vorheizen. • Die Eier mit der Dosenmilch gut verquirlen, mit Salz, Pfeffer und dem Paprikapulver abschmecken und über die Kartoffel-Käse-Schicht gießen. Die Butter in Flöckchen daraufsetzen. • Den Gratin auf der mittleren Schiebeleiste im Ofen 20 Minuten überbakken.

Das paßt dazu: Kopfsalat mit reichlich frischen Kräutern

Kartoffeln schwimmen gern in Fett

Pommes frites

Wenn schon Pommes frites, dann hausgemachte. Was in manchen Gaststätten und
Schnellimbißstuben unter diesem Namen angeboten wird, stimmt traurig, schmeckt
scheußlich und liegt schwer im Magen.

Zutaten für 4 Personen:
1 kg Kartoffeln · 1 l Öl oder Fritierfett · Salz
Pro Person etwa 1700 Joule/405 Kalorien

- Zubereitungszeit: 15 Minuten
- Fritierzeit: etwa 30 Minuten

So wird's gemacht: Die Kartoffeln schälen
und in 1 cm dicke und 4–5 cm lange Stifte
schneiden. (Ein Pommes frites-Schneider er-
leichtert Ihnen die Arbeit.) Die Stäbchen mit

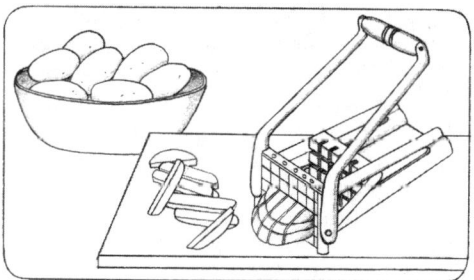

Für Liebhaber von hausgemachten Pommes frites
lohnt sich die Anschaffung eines Pommes-frites-
Schneiders sehr.

Küchenkrepp sorgfältig trockentupfen. • Das
Fett in der Friteuse oder einem großen Topf
auf 180 ° erhitzen. Jeweils ¼ der Kartoffel-
menge nacheinander in das heiße Fett geben
und in 3 Minuten hellgelb backen. Auf einem

Sieb abtropfen und auskühlen lassen. • Kurz
vor dem Servieren nochmals im heißen Fett in
4–6 Minuten hellbraun fritieren. • Die Pommes frites auf Küchenkrepp abtropfen lassen,
mit Salz bestreuen und heiß servieren.

> **Mein Tip** Das Fritierfett hat die
> richtige Temperatur, wenn ein Weiß-
> brotwürfel in 1 Minute darin gold-
> braun wird.

Pommes chips

Zutaten für 4 Personen:
500 g Kartoffeln · 250 g Fritierfett · Salz
Pro Person etwa 1680 Joule/400 Kalorien

- Zubereitungszeit: 15 Minuten

So wird's gemacht: Die Kartoffeln schälen, in
dünne Scheiben hobeln und sorgfältig mit einem Tuch oder Küchenkrepp abtrocknen. •
Das Fett in einem Topf auf 180 ° erhitzen. Die
Kartoffelscheiben portionsweise einlegen und
in 1½–2 Minuten goldbraun und knusprig braten. Nicht zu viel Kartoffeln auf einmal ins
Fett geben, sonst kleben sie zusammen und
werden nicht gleichmäßig braun. • Die Chips
mit dem Schaumlöffel herausheben, auf Küchenkrepp abtropfen lassen und mit Salz bestreuen.

Paßt gut zu: gebratenem Fisch oder Fleisch

Strohkartoffeln

Zutaten für 4 Personen:
750 g Kartoffeln · Fritierfett · Salz
Pro Person etwa 1090 Joule/260 Kalorien

● Zubereitungszeit: 35 Minuten

So wird's gemacht: Die Kartoffeln schälen
und auf der groben Seite einer Reibe in feine
Streifen hobeln. Mit einem Küchentuch abtrocknen. ● Das Fett in einem großen Topf
stark erhitzen und die Kartoffelstreifchen in
4–6 Minuten goldbraun ausbacken. ● Auf Küchenkrepp abtropfen lassen, salzen und sofort
servieren.

Paßt gut zu: kurzgebratenem Fleisch

Variante: Die Kartoffelstreifen können zu
dekorativen Nestchen ausgebacken werden,
die dann mit feinem gedünsteten Gemüse
oder Pilzen gefüllt serviert werden. Dazu
brauchen Sie einen Nestbacklöffel, der in
Haushaltswaren-Geschäften oder Küchen-
boutiquen zu haben ist.

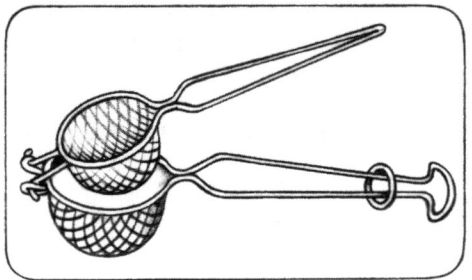

Mit einem solchen Doppelsieb lassen sich Strohkar-
toffeln zu dekorativen Nestchen ausbacken.

Kartoffelkroketten

Zutaten für 4 Personen:
750 g Kartoffeln · 2 Eßl. Butter · 2 Eigelb ·
3 Eßl. Mehl · Salz · 1 Prise geriebene Muskat-
nuß · 1 Eiweiß · 1 Tasse Semmelbrösel
Zum Fritieren: 1 l Öl oder 500 g Fritierfett
Pro Person etwa 3525 Joule/840 Kalorien

● Zubereitungszeit: 40 Minuten
● Fritierzeit: etwa 20 Minuten

So wird's gemacht: Die Kartoffeln schälen, in
grobe Würfel schneiden und in ungesalzenem
Wasser garen. ● Die Kartoffeln abgießen, gut
ausdampfen lassen und durch die Kartoffelpresse drücken. Die Butter, das Eigelb und das
Mehl untermengen. Den Teig mit Salz und
dem Muskat abschmecken und auskühlen lassen. ● Das Eiweiß in einem Schälchen leicht
schlagen. ● Aus dem Kartoffelteig mit bemehlten Händen gut walnußgroße Bällchen
formen. Die Bällchen zuerst in dem Eiweiß
und dann in den Semmelbröseln wenden. ●
Das Fett in einem großen Topf erhitzen und
die Kartoffelbällchen darin lageweise in
5–6 Minuten goldbraun braten. Die Kroketten
mit dem Schaumlöffel herausheben, auf Küchenkrepp abtropfen lassen und warm stellen,
bis alle Kroketten fertig sind.

Paßt gut zu: Wild- und Wildgeflügelgerichten

Mandelbällchen

Zutaten für 4 Personen:
750 g Kartoffeln · 3–4 Eßl. Butter · 2 Eigelb ·
1 Eßl. geschälte geriebene Mandeln · Salz ·
1 Eiweiß · 100 g Mandelblättchen
Zum Formen: Mehl
Zum Fritieren: 1 l Öl oder 500 g Fritierfett
Pro Person etwa 3905 Joule/930 Kalorien

● Zubereitungszeit: 1 Stunde und 10 Minuten

So wird's gemacht: Die Kartoffeln mit der Schale garen, schälen und noch heiß durch die Presse drücken, dann abkühlen lassen. ● Die Butter geschmeidig rühren, das Eigelb und die geriebenen Mandeln zugeben. Die Kartoffelmasse nach und nach einarbeiten, salzen und alles zu einem glatten Teig kneten. ● Auf einer bemehlten Arbeitsfläche aus dem Teig daumendicke Rollen formen, davon 4–5 große Stücke abschneiden und diese zu Bällchen rollen. ● Das Fett in einem großen Topf auf 180 ° erhitzen. ● Das Eiweiß mit einer Gabel leicht schlagen. Die Kartoffelbällchen zuerst in dem Eiweiß, dann in den Mandelblättchen wenden, portionsweise in das heiße Fett geben und in 8–10 Minuten rundherum goldbraun werden lassen. ● Die Mandelbällchen mit dem Schaumlöffel aus dem Fett heben, abtropfen lassen und warm stellen, bis alle Bällchen ausgebacken sind.

Paßt gut zu: gebratenem Fleisch oder Fisch und Gemüseplatten

Dauphinekartoffeln

Zutaten für 6–8 Personen:
500 g mehlige Kartoffeln · Salz · geriebene
Muskatnuß · 2 Eßl. Butter
Für den Brandteig: ¼ l Wasser · 50 g Butter ·
1 Prise Salz · 150 g Mehl · 4 Eier
Zum Fritieren: 750 g Palmfett oder 1 l Öl
Pro Person etwa 2665–1995 Joule/
635–475 Kalorien

● Zubereitungszeit: 50 Minuten

So wird's gemacht: Die Kartoffeln schälen und in Salzwasser weichkochen. Abgießen, auf der abgeschalteten Herdplatte trockendämpfen und durch die Presse drücken. Mit Muskat würzen und mit der Butter verrühren. ● Das Wasser, die Butter und das Salz in einem breiten Topf aufkochen. Den Topf vom Herd nehmen. Das Mehl auf einmal in die heiße Flüssigkeit schütten und alles schnell glattrühren. ● Den Topf wieder auf den Herd setzen und die Masse bei milder Hitze so lange rühren, bis sich ein Kloß bildet und sich am Topfboden eine weiße Haut absetzt. ● Den Topf wieder vom Herd nehmen und 1 Ei unter den heißen Kloß rühren. Den Teig etwas abkühlen lassen und die übrigen Eier nach und nach einrühren. ● Die Kartoffelmasse mit dem Brandteig mischen, mit Salz abschmecken. ● Das Fritierfett erhitzen. Mit einem Teelöffel vom Teig Nockerln abstechen und in dem heißen Fett goldgelb ausbacken.

Paßt gut zu: Wild- und Fleischgerichten und feinen Gemüseplatten

Klöße, Knödel und Gnocchi

Schwäbische Kartoffelklöße

Zutaten für 4 Personen:
1 kg Pellkartoffeln · 125 g Mehl · 2 Eier ·
Salz · geriebene Muskatnuß · 2 Semmeln ·
3–4 Eßl. Butter
Pro Person etwa 2205 Joule/525 Kalorien

● Zubereitungszeit: 1 Stunde

So wird's gemacht: Die ausgekühlten Kartoffeln schälen und feinreiben. Mit dem Mehl, den Eiern, Salz und Muskat gut durchkneten. • Die Semmeln in Würfel schneiden. Die Butter in einer Pfanne erhitzen und die Semmelwürfel darin goldgelb und knusprig braten • Die Brotbröckchen in den Kartoffelteig einarbeiten. • Reichlich Salzwasser zum Kochen bringen. • Aus dem Kartoffelteig mit nassen Händen Knödel formen, ins kochende Wasser legen und bei schwacher Hitze in 20–25 Minuten garziehen lassen. Gut abgetropft servieren.

Paßt gut zu: Gulasch und Sauerkraut, aber auch zu Kompott aus Dörrobst

> **Mein Tip** Wenn Sie ganz genau wissen wollen, wie lange ein Knödel zum Garen braucht, kochen Sie vorher einen Probekloß. Allgemein gilt: So lange, wie die Klöße brauchen, um hochzusteigen, sollen sie auch noch mal an der Oberfläche bleiben, um wirklich gar zu werden.

Kartoffelklöße auf feine Art

Zutaten für 4 Personen:
1 kg Pellkartoffeln, am Vortag gekocht ·
1 Zwiebel · 1 Bund Petersilie · 100 g weiche
Butter · 3 Eier · Salz · weißer Pfeffer · geriebene Muskatnuß
Zum Abschmelzen: 3 Eßl. Butter · 3 Eßl. Semmelbrösel
Pro Person etwa 2302 Joule/550 Kalorien

● Zubereitungszeit: 1 Stunde

So wird's gemacht: Die Kartoffeln schälen und feinreiben. Die Zwiebel schälen und feinhacken. Die gewaschene Petersilie ebenfalls feinhacken. • Von der Butter 1 Eßlöffel in einem Pfännchen erhitzen und die Zwiebel und die Petersilie darin anbraten, bis die Zwiebel hellgelb ist. • Die übrige Butter in einer Schüssel geschmeidig rühren, die Kartoffeln, die Eier und die Zwiebel-Petersilien-Mischung zugeben. Mit Salz, Pfeffer und Muskat würzen. Alles gut vermengen. • Reichlich Salzwasser zum Kochen bringen. • Aus dem Teig mit nassen Händen Klöße formen, ins kochende Wasser geben und bei schwacher Hitze etwa 20 Minuten ziehen lassen. • Die Butter in einer Pfanne schmelzen lassen und die Semmelbrösel darin leicht anbräunen. • Die Klöße aus dem Wasser nehmen, abtropfen lassen und rundherum in den Bröseln wenden.

Paßt gut zu: kurzgebratenem Fleisch und feinem Gemüse

Halbseidene Kartoffelknödel

Zutaten für 4 Personen:
500 g Pellkartoffeln · 500 g rohe Kartoffeln ·
2 Eier · 3–4 Eßl. Mehl · Salz
Pro Person etwa 1173 Joule/280 Kalorien

● Zubereitungszeit: 1 Stunde

So wird's gemacht: Die abgekühlten Pellkartoffeln schälen, feinreiben und völlig ausküh-

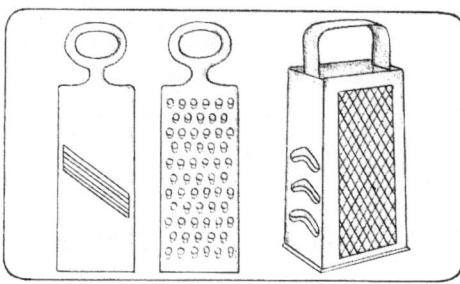

Reiben verschiedenster Art sind für die Kartoffelküche unentbehrlich.

len lassen. Die rohen Kartoffeln schälen und feinreiben. Das Geriebene in ein Tuch geben und ausdrücken. Die Kartoffelflüssigkeit in einer Schüssel auffangen. Eine Weile stehen lassen. ● Das Wasser dann vorsichtig abgießen und die Kartoffelstärke, die sich am Boden der Schüssel abgesetzt hat, mit den gekochten und rohen Kartoffeln, den Eiern, dem Mehl und etwa 1 Teelöffel Salz zu einem festen Teig verarbeiten. ● Reichlich Salzwasser zum Kochen bringen. ● Aus dem Teig mit bemehlten Händen kinderfaustgroße Klöße for-

men, in das kochende Wasser legen und bei milder Hitze in 20 Minuten garziehen lassen.

Paßt gut zu: Braten mit viel Sauce, zu Speck- oder Zwiebelsauce

> **Mein Tip** Klöße müssen gut abgetropft auf den Tisch kommen, sonst werden sie leicht weich und klebrig. Legen Sie eine Untertasse umgekehrt in die Servierschüssel. Die Flüssigkeit fängt sich unter der Untertasse und die Knödel bleiben schön trocken.

Bayerische Kartoffelknödel
Bild Seite 55

Es sind nicht nur die Bayern, die Knödel aus rohen Kartoffeln bevorzugen. Dieserhalb heißen sie auch Thüringer, Pfälzer oder Sächsische Klöße.

Zutaten für 4 Personen:
2 kg mehlige Kartoffeln · ½ l Milch ·
50 g Grieß · Salz
Pro Person etwa 1967 Joule/470 Kalorien

● Zubereitungszeit: 1 Stunde und 15 Minuten

So wird's gemacht: Die Kartoffeln schälen und in eine Schüssel mit kaltem Wasser reiben, damit sie weiß bleiben. Die Kartoffelmasse mit einem Schaumlöffel in ein Tuch ge-

Etwas arbeitsaufwendig, aber im Geschmack un- ▷
übertrefflich gut, sind selbstgemachte Bayerische
Kartoffelknödel. Rezept Seite 53.

ben und gut ausdrücken. Das ausgedrückte Wasser stehen lassen, bis sich die Stärke abgesetzt hat. Dann das Wasser vorsichtig abgießen und die Stärke mit den Kartoffeln vermengen. • Inzwischen die Milch erhitzen, den Grieß einrieseln lassen und unter Rühren zu einem Brei kochen, mit etwa 2 Eßlöffeln Salz würzen. • Den heißen Grießbrei gut mit der Kartoffelmasse mischen. • Reichlich Salzwasser zum Kochen bringen. • Aus dem Knödelteig Klöße formen, locker ins siedende Wasser legen und in etwa 25 Minuten garen. Gut abgetropft servieren.

Paßt gut zu: Schweine-, Gänse- und Entenbraten

Variante: Die Knödel mit in Butter gebratenen Weißbrotbröckchen füllen.

Kartoffelgnocchi

Die Kartoffelklößchen werden mit gebräunter Butter und Parmesankäse oder einer frischen Tomatensauce als Vorspeise serviert. Sie kommen auch als Einlage in kräftiger Rindfleischbouillon auf den Tisch.

Zutaten für 4 Personen:
500 g Kartoffeln · 2 Eigelb · Salz · etwa 150 g Mehl · 1 Prise geriebene Muskatnuß
Pro Person etwa 1088 Joule/260 Kalorien

● Zubereitungszeit: 2 Stunden

So wird's gemacht: Die Kartoffeln mit der Schale weichkochen, schälen und noch heiß durch die Presse drücken. Ganz abkühlen lassen. • Das Eigelb, Muskat und Salz nach Ge-

schmack mit den Kartoffeln vermengen. • Die Masse auf einer bemehlten Arbeitsfläche nach und nach mit so viel Mehl verkneten, daß ein weicher elastischer Teig entsteht. Aus dem Teig 2 cm dicke Rollen formen. Die Rollen in 2½ cm breite Stücke schneiden und längliche Knödelchen daraus formen. • Reichlich Salzwasser zum Kochen bringen, die Gnocchi einlegen und bei schwacher Hitze in etwa 5 Minuten garen. Mit dem Schaumlöffel herausheben.

Mein Tip Vielen ist der Umgang mit der Kartoffelpresse unangenehm. Nehmen Sie stattdessen den guten alten Kartoffelstampfer und zermusen (zerdrücken) Sie die Kartoffeln gründlich. Ich mache es auch so.

Florentiner Gnocchi

Gerichte nach Florentiner Art haben immer etwas mit Spinat zu tun. Die grünen Gnocchi werden im Ursprungsland mit gebräunter Butter oder einer Béchamelsauce als Vorspeise serviert.

Zutaten für 4 Personen:
500 g mehlige Kartoffeln · 1 kg Spinat · 1 Zwiebel · 2 Eßl. Butter · 3–4 Eier · 6 Eßl. geriebener Parmesankäse · Salz · ½ Teel. geriebene Muskatnuß · eventuell Semmelbrösel
Pro Person etwa 1510 Joule/360 Kalorien

● Zubereitungszeit: 40 Minuten
● Ruhezeit: 30 Minuten

◁ Für Parties eine köstliche Überraschung: Käse-creme-Kartoffeln. Rezept Seite 64.

So wird's gemacht: Die Kartoffeln mit der Schale garen, schälen und noch heiß durch die Presse drücken. • Den Spinat verlesen, gründlich waschen und nicht abgetropft bei milder Hitze zusammenfallen lassen. Den abgekühlten Spinat im Mixer pürieren. • Die Zwiebel schälen und feinhacken. • Die Butter in einem Pfännchen erhitzen und die Zwiebel darin goldbraun braten. • Die Kartoffeln mit dem Spinat und der Zwiebel vermengen. Die Eier und den Parmesankäse einarbeiten, alles mit Salz und dem Muskat abschmecken und 30 Minuten ruhen lassen. Sollte der Teig zu weich sein, etwas Semmelbrösel einkneten. • Reichlich Salzwasser zum Kochen bringen. • Aus der Masse mit nassen Händen längliche Knödel formen und in siedendem Wasser 15 Minuten ziehen lassen.

Schupfnudeln

Schupfen ist eine schwäbische Tätigkeit, die man können muß, um den Kartoffelteig schnell in die passende Form zu bringen. Nichtschwaben sollten den Drang zur Perfektion flugs unterdrücken. Es geht auch ohne allzu rasante Fingerfertigkeit.

Zutaten für 4 Personen:
1 kg Pellkartoffeln · 100 g Mehl · 1 Ei · 2 Eßl. saure Sahne · Salz · geriebene Muskatnuß
Pro Person etwa 1450 Joule/345 Kalorien

● Zubereitungszeit: 1 Stunde

So wird's gemacht: Die Kartoffeln schälen und auf eine Arbeitsfläche reiben. Das Mehl darübersieben, das Ei und die saure Sahne zugeben, salzen und mit Muskat würzen. Alles

zu einem geschmeidigen Teig kneten. • Aus dem Kartoffelteig kleinfingerdicke Rollen formen, davon etwa 6 cm lange Stücke abschneiden und zu Fingernudeln schupfen, das heißt, die Kartoffelwürstchen müssen an beiden Enden spitz auslaufen. • Reichlich Salzwasser zum Kochen bringen, die Schupfnudeln portionsweise einlegen, 10–15 Minuten ziehen lassen und mit der Schaumkelle herausheben. Gut abtropfen lassen, auf einer Platte warm stellen, bis alle Nudeln fertig sind.

Paßt gut zu: Sauerkraut mit beliebigem gekochtem Fleisch

Variante: Die Schupfnudeln nur 2–3 Minuten sieden lassen, herausheben, mit kaltem Wasser abbrausen, abtropfen lassen und in heißem Schweineschmalz rundherum braunbraten.

> **Mein Tip** Lagenweise mit geriebenem Käse in eine Schüssel geschichtet servieren, obenauf gebräunte Zwiebelringe geben.

Die neuen – und was dazu schmeckt

Wenn die ersten einheimischen neuen Kartoffeln auf dem Markt sind, überkommt mich, meinem Metier gemäß, das gleiche freudige Gefühl wie beim Anblick der ersten Frühlingsblüten im Garten. Nunmehr beginnt die Zeit der Kartoffelorgien, wie das meine Anverwandten augenzwinkernd, aber ohne Mißfallen, zu nennen pflegen. Dann steht an vielen Tagen die große Holzschüssel mit dampfenden Pellkartoffeln auf dem Tisch. Dazu gibt es angemachten Quark, würzige Buttermischungen oder pikante Saucen. Zur Anregung folgen einige Rezepte, die mir besonders geeignet scheinen. Aber schauen Sie selber in Ihren Vorratsschrank, ins Gewürzregal und nehmen Sie das vom Markt mit, was Sie gerade »anmutet«. Kombinieren Sie munter drauflos, eigene Kreationen sind oft die besten.

Weitere klassische Zukost zu neuen Kartoffeln sind Spiegeleier mit Schinken, duftige Rühreier mit frischen Kräutern, Matjesheringe mit Zwiebelringen, grünen Bohnen und ausgelassenem Speck, gebratene Schollen, junges, in Butter gedünstetes Gemüse, vor allem Spargel, wie auch immer zubereitet.

Im Norden unseres Landes verspeist man die ersten Frühkartoffeln mitsamt der zarten hellen Schale nur mit Salz und gehackter Petersilie bestreut und einem Stück frischer Butter dazu. Oder kleine ungeschälte Kartoffeln werden in heißer Butter in einer großen Pfanne unter gelegentlichem Wenden gargebraten, mit zerkrümeltem altbackenem Weißbrot bestreut, weiter gebraten, bis die Brösel knusprig sind und dann mit grobem Salz gewürzt. Das dauert etwa 35 Minuten.

Auch wenn mein Sondertip nicht so recht in diesen Küchenratgeber hineinpaßt, ich muß ihn loswerden: Sollte Sie der Rockbund zwakken, verzehren Sie eine Woche lang zum Mittag- und Abendessen jeweils 250–300 g Kartoffeln mit einem guten Teelöffel voll Butter und beliebigen Küchenkräutern. Zum Frühstück gibt es 2 Scheiben Knäckebrot mit Magerquark und so viel Tee oder Kaffee (ohne Milch und Zucker), wie Sie mögen. Der Erfolg ist phantastisch und ich kann versichern, daß sich Ihr Magen dabei äußerst wohlfühlt, das Allgemeinbefinden fröhlich ist und daß Sie danach nichts mehr einzwängt.

Zurück zu den gutschmeckenden Beispeisen. Es sieht besonders hübsch aus, wenn Sie mehrere Quarkcremes oder Buttermischungen, die auch in der Farbe verschieden sind, zum Kartoffelschmaus servieren. Eine große Schüssel bunter Salate vervollständigt das Mahl.

Tomatenquark

250 g Magerquark · ½ Becher Joghurt (3%) · 2 Eßl. Tomatenmark · 1 Eßl. Tomatenketchup · ½ Teel. Paprikapulver · 4 Tropfen Chilisauce · Salz · Zucker
Pro Person etwa 380 Joule/90 Kalorien bei 4 Portionen

Curryquark

250 g Magerquark · ½ Tasse Milch · 2 Eigelb · 1 Teel. Zitronensaft · 1 geriebener Apfel · ½ feingehackte Zwiebel · 1 guter Teel. Curry · Salz · Zucker
Pro Person etwa 525 Joule/125 Kalorien bei 4 Portionen

Frühlingsquark

250 g Magerquark · ½ Tasse Milch · ½ Teel. Senf · ½ Bund kleingeschnittener Schnittlauch · je 1 Bund Petersilie und Dill, feingehackt · 1 Bund Radieschen in Scheiben · 1 kleine gewürfelte Zwiebel · Salz · Cayennepfeffer
Pro Person etwa 360 Joule/85 Kalorien bei 4 Portionen

Die neuen – und was dazu schmeckt

Rettichquark

250 g Magerquark · ½ Tasse Milch · 1 mittelgroßer geriebener Rettich · ¼ gewürfelte Salatgurke · 1 kleingeschnittene Tomate · Salz
Pro Person etwa 360 Joule/85 Kalorien bei 4 Portionen

Würzquark

250 g Magerquark · ½ Tasse Sahne · je 1 kleine feingewürfelte grüne und rote Paprikaschote · je ½ feingehackte Zwiebel und Knoblauchzehe · 1 gewürfelte Gewürzgurke · 4 Tropfen Tabascosauce · 1 Teel. edelsüßes Paprikapulver · Salz · Pfeffer
Pro Person etwa 480 Joule/115 Kalorien bei 4 Portionen

So wird's gemacht: Den Quark mit der Milch, dem Joghurt oder der Sahne mit dem Schneebesen cremig rühren. Die verschiedenen Zutaten der Reihenfolge nach gut einmengen und zuletzt mit den Gewürzen und Zucker abschmecken.

Mein Tip Quark immer erst kurz vor dem Servieren anrühren und mit den anderen Zutaten vermischen. Wenn er lange steht, setzt er an den Schüsselrändern Wasser ab. Wenn Sie die Quarkmischungen cremiger mögen, nehmen Sie einfach mehr Anrührflüssigkeit (Milch, Joghurt oder Sahne). Ob Sie Magerquark, Sahnequark oder eine dazwischen liegende Sorte verwenden, ist eine reine Joule/Kalorien-Frage.

Hofmeisterbutter

125 g weiche Butter · ½ Teel. Zitronensaft · ½ Teel. Rosenpaprikapulver · 1 sehr fein gehackte Knoblauchzehe · ½ Teel. gehackte Kapern · 1 Eßl. gehackte Petersilie · Salz · schwarzer Pfeffer
Pro Person etwa 690 Joule/165 Kalorien bei 6 Portionen

Tomatenbutter

125 g weiche Butter · 2 Eßl. Tomatenmark · ½ Teel. edelsüßes Paprikapulver · 1 kleine sehr fein gehackte Zwiebel · 1 Teel. gehackte frische Basilikumblätter oder 1 Prise getrocknetes Basilikum · Salz · Pfeffer
Pro Person etwa 735 Joule/175 Kalorien bei 6 Portionen

Zitronenbutter

125 g weiche Butter · abgeriebene Schale von ½ Zitrone · 2 Teel. Zitronensaft · 1–2 Teel. gehackte Zitronenmelisse · 1 Prise Zucker · Salz · weißer Pfeffer
Pro Person etwa 690 Joule/165 Kalorien bei 6 Portionen

Kaviarbutter

125 g weiche Butter · 1 Teel. Zitronensaft · 1 Eigelb · 50–75 g deutscher Kaviar
Pro Person etwa 735 Joule/175 Kalorien bei 6 Portionen

So wird's gemacht: Die Butter schaumig rühren und mit den angegebenen Zutaten gut vermischen, mit Salz und Pfeffer abschmecken. Die Würzbutter zu einer Rolle formen, fest in Alufolie einwickeln und im Kühlschrank hart werden lassen. Vor dem Servieren mit einem Messer oder einem Buntmesser in Scheiben schneiden.

Grüne Sauce

Zutaten für 4 Personen:
5 hartgekochte Eier · ⅛ l Öl · 1–2 Teel. Zitronensaft · ½ l saure Sahne · etwa 150 g frische Kräuter (Borretsch, Dill, Kerbel, Liebstöckel, Petersilie, Pimpinelle, Sauerampfer, Schnittlauch, Zitronenmelisse) · 1 Prise Zucker · Salz · weißer Pfeffer
Pro Person etwa 2 350 Joule/560 Kalorien

● Zubereitungszeit: 25 Minuten

So wird's gemacht: Das Eigelb aus den hartgekochten Eiern lösen und mit der Gabel in einer Schüssel zerdrücken. Das Öl, den Zitronensaft und die saure Sahne nach und nach einrühren. • Die Kräuter waschen, trockenschwenken, von groben Stengeln befreien und feinhacken. Die Kräuter unter die Sauce rühren. Die Sauce mit dem Zucker, Salz und Pfeffer abschmecken.

Mein Tip Das hartgekochte Eiweiß anderweitig verwenden oder feingehackt in die Sauce mischen. Mit Liebstöckel sollten Sie sparsam umgehen, es schmeckt sonst zu sehr vor.

Variante: Kräutermayonnaise
100 g Salatmayonnaise mit 5 Eßlöffeln Joghurt oder saurer Sahne und 2 feingehackten hartgekochten Eiern verrühren. 100–150 g gehackte Kräuter untermischen, mit Zucker, Salz, Pfeffer und Zitronensaft abschmecken.

Kümmelkartoffeln

Zutaten für 4 Personen:
1 kg kleine neue Kartoffeln · Kümmel · grobes Salz · 75 g Butter
Für das Backblech: Butter
Pro Person etwa 1530 Joule/365 Kalorien

● Zubereitungszeit: 50 Minuten

So wird's gemacht: Die Kartoffeln waschen, abtrocknen und einmal quer durchschneiden. • Den Backofen auf 200° vorheizen. Das Backblech mit Butter einfetten. • Die Kartoffelhälften mit der Schnittfläche in Kümmel und Salz drücken und mit der gewürzten Seite auf das Backblech setzen. Die Butter zerlassen und die Oberflächen der Kartoffeln damit bestreichen. Im Ofen 30–40 Minuten backen.

Das paßt dazu: Quarksaucen oder gemischter Salat

Variante: Gebackene Kartoffelstückchen. Ungeschälte neue Kartoffeln der Länge nach in Achtel schneiden. Mit der aufgeschnittenen Seite nach oben auf ein gefettetes Backblech legen, sanft salzen. Im vorgeheizten Ofen bei 225° backen, bis sie sich aufblähen und groß sind. Zu Bier oder Cocktails servieren.

Roquefortkartoffeln

Zutaten für 4 Personen:
800 g kleine neue Kartoffeln · 100 g dünne Scheiben Frühstücksspeck · 60 g Roquefortkäse · ⅛ l Sahne · 3 Eßl. Essig · 4 Eßl. Öl · Salz ·

Pfeffer · 1 Teel. Senf · 1 Kästchen Kresse
Pro Person etwa 2310 Joule/550 Kalorien

● Zubereitungszeit: 40 Minuten

So wird's gemacht: Die Kartoffeln mit der Schale garen. • Die Speckscheiben in einer heißen Pfanne ohne Fett knusprig braten. Den Roquefort mit einer Gabel zerdrücken und mit der Sahne vermengen. • Aus dem Essig, dem Öl, Salz und Pfeffer eine Marinade rühren. • Die heißen Kartoffeln schälen, in dicke Scheiben schneiden und auf einer vorgewärmten Platte anrichten, sparsam salzen und pfeffern und mit etwas Marinade beträufeln. Die Speckscheiben auf die Kartoffeln legen. • Die restliche Marinade mit der Roquefortsahne zu einer dicken Sauce rühren und über die Kartoffeln verteilen. Das Gericht mit Kressebüscheln garnieren.

Paßt gut zu: Steaks, Koteletts oder Grillwürstchen

Kartoffeln Locarner Art

Zutaten für 4 Personen:
1 kg neue Kartoffeln · 2 Zwiebeln · 250 g roher Schinken · 4 Eßl. Butter · Salz · schwarzer Pfeffer · ½ Bund Petersilie · je 1 Zweig frischer Majoran und Thymian · 3 Blätter Liebstöckel
Pro Person etwa 2455 Joule/585 Kalorien

● Zubereitungszeit: 40 Minuten

So wird's gemacht: Die Kartoffeln unter fließendem Wasser gut abbürsten, abtrocknen

und in Scheiben schneiden. Die Zwiebeln schälen und feinhacken. Den Schinken in Würfel schneiden. • Die Butter in einer großen Pfanne erhitzen und die Kartoffeln darin unter häufigem Wenden gut anbraten. Mit Salz und Pfeffer würzen und zugedeckt bei milder Hitze etwa 15 Minuten schmoren lassen. • Die Zwiebeln und den Schinken dazugeben und alles ohne Deckel weiterbraten, bis die Zwiebeln Farbe angenommen haben. • Die Küchenkräuter feinhacken und unter die Bratkartoffeln mischen.

Das paßt dazu: Kopfsalat oder Salat aus Löwenzahn- oder Brennesselblättern

> **Mein Tip** Die nach dem Abbürsten noch anhaftende Kartoffelschale sollte nicht entfernt werden. Wem das nicht gefällt, muß sie abschaben.

Vom Grill und aus dem Ofen

Folienkartoffeln oder gebackene Kartoffeln, nur mit einem Stückchen Butter belegt und mit Salz bestreut, schmecken gut zu gegrilltem Fleisch oder Fisch. Mit einer Füllung, einer Sauce oder einem Salat sind sie ein selbständiges Gericht. Kartoffeln in der Folie können direkt in der Kohlenglut des Grills oder im Backofen bei 220–250° in 50–60 Minuten gegart werden. Wenn Sie den unvergleichlichen Lagerfeuergeschmack der Erdäpfel schätzen, schaffen Sie sich einen Kartoffelteufel an. Das ist ein gut verschließbarer feuerfester Topf, in dem Sie Kartoffeln mit der Schale ohne Wasser und ohne weitere Zutaten in 60 Minuten garen können.

Stoppelkartoffeln

Zutaten für 4 Personen:
8 große Kartoffeln · 1 Zwiebel · 2 Knoblauchzehen · ¾ l Wasser · ¼ l Rotweinessig · 5 zerdrückte Wacholderbeeren · 1 Zweig frischer oder ½ Teel. getrockneter Thymian · 1 Lorbeerblatt · 5 Pfefferkörner · 1–2 Teel. Kümmel · Salz · 3 Eßl. Öl
Pro Person etwa 1110 Joule/265 Kalorien

- Zubereitungszeit: 30 Minuten
- Marinierzeit: 12 Stunden
- Garzeit: etwa 30 Minuten

So wird's gemacht: Die Kartoffeln gründlich unter fließendem Wasser abbürsten. Mit einer Stopfnadel rundherum einstechen. Die Zwiebel ungeschält vierteln, die Knoblauchzehen halbieren. • Das Wasser mit dem Rotweinessig, der Zwiebel, den Knoblauchzehen und allen Gewürzen zum Kochen bringen. Die Kar-

toffeln einlegen und 20 Minuten kochen lassen. Wenn sie nicht ganz mit der Flüssigkeit bedeckt sind, etwas Wasser nachgießen. • Die Kartoffeln in der Marinade 12 Stunden ziehen lassen. • Den Backofen auf 220° vorheizen. • Die Kartoffeln aus der Marinade heben, gut abtrocknen und mit etwas Salz einreiben. Jede Kartoffel in ein Stück geölte Alufolie einpacken und im vorgeheizten Backofen oder in Holzkohlenglut in etwa 30 Minuten garen.

Das paßt dazu: Sahnequark mit Keta-Kaviar, angemachter Quark oder gegrillter oder geräucherter Fisch

Egerling-Kartoffeln

Egerlinge sind eine Abart der beliebten Champignons. Sie sind kräftiger im Geschmack und fester im Fleisch, daher für Füllungen besonders gut geeignet.

Zutaten für 4 Personen:
8 große Kartoffeln · 600 g Egerlinge · 1 Zwiebel · 125 g durchwachsener Speck · 2 Eßl. Butter · 1 Bund Petersilie · Salz · weißer Pfeffer
Für das Backblech: Fett
Pro Person etwa 1850 Joule/440 Kalorien

- Zubereitungszeit: 30 Minuten
- Backzeit: 45 Minuten

So wird's gemacht: Den Backofen auf 200° vorheizen. Das Backblech einfetten. • Die Kartoffeln schälen und der Länge nach halbieren. Die Hälften mit einem scharfen Messer vorsichtig aushöhlen und mit der Öffnung nach oben auf das Backblech legen. 40 Minuten im Ofen backen. • Die Egerlinge sorgfältig putzen und feinblättrig schneiden. Die Zwiebel schälen und feinhacken. Den Speck in kleine Würfel schneiden. • Die Butter in einer Pfanne zerlassen und den Speck und die Zwiebel darin hellgelb braten. Die Pilze zugeben und etwa 15 Minuten mitschmoren lassen. • Die gewaschene Petersilie feinhacken und zu den Pilzen rühren, mit Salz und Pfeffer abschmecken. Warm stellen. • Die Kartoffeln aus dem Ofen nehmen und die Pilzmischung in die Kartoffelhälften häufeln und diese auf dem Backblech für weitere 5 Minuten in den Ofen schieben. • Die gefüllten Kartoffeln auf eine große vorgewärmte Platte setzen, die übriggebliebenen Pilze drumherum anrichten. Heiß servieren.

Gekochte Kartoffeln werden mit einem möglichst scharfrandigen Löffel vorsichtig ausgehöhlt.

Kartoffeln Feinschmecker Art

Zutaten für 4 Personen:
2 Eßl. Öl · 8 mittelgroße längliche Kartoffeln ·
2 Eßl. Butter · knapp ⅛ l Sahne · 200 g Krabben · 1 Bund Dill · Salz · weißer Pfeffer
Pro Person etwa 1785 Joule/425 Kalorien

● Zubereitungszeit: 1 Stunde und 45 Minuten

So wird's gemacht: Den Backofen auf 200 ° vorheizen. Den Rost mit Alufolie bespannen und diese mit dem Öl bepinseln. • Die Kartoffeln gründlich unter fließendem Wasser abbürsten, mit Küchenkrepp trockentupfen und mit einer spitzzinkigen Gabel mehrfach einstechen. Die Kartoffeln auf der mittleren Schiene des Backofens in etwa 50 Minuten ga-

ren. • Von den etwas abgekühlten Kartoffeln der Länge nach eine Kappe abschneiden und das Kartoffelfleisch mit einem spitzen Teelöffel vorsichtig herausstechen, so, daß nur ein schmaler Kartoffelrand übrigbleibt. • Die Kartoffelmasse mit einer Gabel zerdrücken und mit der Butter und der Sahne gut mischen. • Die Krabben zerkleinern und den gewaschenen Dill feinhacken. Beides in die Kartoffelcreme rühren, alles mit Salz und Pfeffer abschmecken. • Die Creme in die ausgehöhlten Kartoffeln füllen. Die Kartoffeln im Backofen nochmals 10 Minuten überbacken.

Gefüllte Kartoffeln französische Art

Zutaten für 4 Personen:
3 mittelgroße Kartoffeln · 8 große Kartoffeln ·
2 kleine Zwiebeln · 100 g durchwachsener Speck · 1 Bund Petersilie · ½ Bund Schnittlauch · 5 Eßl. Butter · 1 Ei · Salz · weißer Pfeffer · 3 Eßl. weiche Salzbutter
Für das Backblech: Fett
Pro Person etwa 2895 Joule/690 Kalorien

- Zubereitungszeit: 50 Minuten
- Backzeit: 45 Minuten

So wird's gemacht: Die mittelgroßen Kartoffeln schälen und weichkochen. • Die großen Kartoffeln schälen, der Länge nach halbieren, die Hälften mit einem scharfen Messer behutsam aushöhlen und in Wasser legen. (Das Ausgehöhlte anderweitig verwenden). Die Zwiebeln schälen und feinhacken. Den Speck in kleine Würfel schneiden. Die Kräuter waschen und trockenschwenken. Die Petersilie hacken und den Schnittlauch kleinschneiden. • Die gekochten Kartoffeln abgießen und noch heiß mit 4 Eßlöffeln Butter in einer Schüssel zerstampfen. • 1 Eßlöffel Butter in einer kleinen Pfanne zerlassen und den Speck und die Zwiebeln darin hellgelb braten. • Den Backofen auf 200 ° vorheizen. Das Backblech einfetten. • Die Speckmischung, das Ei und die Kräuter in die Kartoffelmasse kneten, mit Salz und Pfeffer abschmecken. • Die ausgehöhlten Kartoffelhälften abtrocknen, mit der Salzbutter ausstreichen und mit der Farce füllen. • Die gefüllten Kartoffelhälften auf das Backblech setzen und etwa 45 Minuten im Ofen backen.

Das paßt dazu: grüner Salat

Käsecreme-Kartoffeln

Bild Seite 56

Zutaten für 4 Personen:
8 mittelgroße Kartoffeln · Salz · 2 Eßl. Öl ·
100 g Roquefortkäse · 1 gehäufter Eßl. Butter ·
4 Eßl. Crème fraîche · je 1 Prise Cayennepfeffer
und geriebene Muskatnuß · weißer Pfeffer ·

1 Bund Schnittlauch · grobes Salz · edelsüßes
Paprikapulver
Pro Person etwa 1595 Joule/380 Kalorien

- Zubereitungszeit: 1 Stunde
- Backzeit: 1 Stunde

So wird's gemacht: Den Backofen auf 220 ° vorheizen. Die Kartoffeln unter fließendem Wasser abbürsten und mit Küchenkrepp abtrocknen. Jede Kartoffel seitlich bis gut zur Hälfte einschneiden, rundherum mit Salz einreiben und in ein mit Öl bestrichenes Stück Alufolie wickeln. Auf ein Backblech legen und auf der mittleren Schiene des vorgeheizten Backofens 50 Minuten backen. • Die Kartoffeln aus dem Backofen nehmen, auswikkeln und etwas abkühlen lassen. • Die obere Kartoffelhälfte ganz abschneiden und aus beiden Hälften mit einem spitzen Teelöffel etwas Kartoffelmasse auslösen. • Den Käse, die Butter und die Kartoffelmasse mit einer Gabel verkneten, die Crème fraîche und die Gewürze zufügen und alles cremig rühren. Den Schnittlauch feinschneiden und untermischen. • Die Creme in die Kartoffelhälften füllen, je 2 Hälften aufeinandersetzen und leicht andrücken. Die gefüllten Kartoffeln auf Alufolie legen, mit grobem Salz und Paprikapulver bestreuen und weitere 10 Minuten bei 200° im Backofen garen.

Mein Tip Die Kartoffeln garen je nach Sorte und Größe besonders im Backofen recht unterschiedlich. Prüfen Sie nach der angegebenen Backzeit mit einem Hölzchen, ob die Kartoffeln weich sind.

Gebackene Fächerkartoffeln

Zutaten für 4 Personen:
8 mittelgroße längliche Kartoffeln · 200 g
durchwachsener Speck · Salz · 4 Eßl. weiche
Butter · 50 g geriebener Emmentaler Käse
Für die Form: Fett
Pro Person etwa 2 815 Joule/670 Kalorien

● Zubereitungszeit: 30 Minuten
● Backzeit: etwa 1 Stunde insgesamt

So wird's gemacht: Die Kartoffeln schälen und quer im Abstand von knapp 1 Zentimeter so tief einschneiden, daß sie unten gerade noch zusammenhalten. • Den Backofen auf 225° vorheizen. Eine große, flache feuerfeste Form oder eine Bratreine ausfetten. • Den Speck in kleine dünne Scheiben schneiden. Die Kartoffeln trockentupfen, mit der weichen Butter einpinseln und sparsam salzen. Die Speckscheibchen in die Einschnitte stecken. • Die vorbereiteten Kartoffeln dicht nebeneinander in die Form legen und auf der mittleren Schiebeleiste des Backofens 50 Minuten backen. • Die Kartoffeln mit dem Käse bestreuen, weitere 5–10 Minuten überbacken.

Das paßt dazu: Spinat oder bunter Salat

Kartoffelpizza

Zutaten für 4 Personen:
750 g Kartoffeln · 150 g durchwachsener
Speck · 400 g schnittfeste Tomaten · 1 Zwiebel · 300 g Emmentaler Käse · Salz · Pfeffer ·
je 1 Teel. getrockneter Rosmarin und Oregano · 4 Sardellenfilets
Pro Person etwa 3170 Joule/755 Kalorien

● Zubereitungszeit: 50 Minuten

So wird's gemacht: Die Kartoffeln schälen, in dünne Scheiben schneiden und mit Küchenkrepp trockentupfen. Den Speck würfeln. Die Tomaten überbrühen, häuten, in Scheiben schneiden, dabei die grünen Stengelansätze entfernen. Die Zwiebel schälen und feinhakken. Den Käse in Scheiben schneiden. • Die Speckwürfel in einer großen ofenfesten Pfanne anbraten, die Zwiebel zugeben und glasig werden lassen. Die Kartoffeln zufügen und unter öfterem Wenden fast gar braten. • Den Backofen auf 200° vorheizen. • Die Tomaten und den Käse auf die Kartoffeln legen, sanft salzen und pfeffern und mit den Kräutern bestreuen. Die Sardellenfilets kleinschneiden und über das Gericht verteilen. • Die Kartoffelpizza im Ofen 5–10 Minuten überbacken, bis der Käse zerläuft.

Das paßt dazu: grüner Salat

Variante: Kartoffelpizza vom Blech
1 kg frischgekochte Salzkartoffeln zerstampfen, 4 Eigelb einmischen und den Schnee von 4 Eiweiß unterheben. Die Masse auf ein gefettetes Backblech verteilen. Mit 150 g gekochtem Schinken in Streifen, 50 g dünnen Salamischeiben, 750 g Tomaten in Scheiben und 150 g halbierten Champignons aus dem Glas gleichmäßig belegen. 250 g Mozzarella oder Doppelrahmfrischkäse in Würfeln darüberschneiden. Mit schwarzem Pfeffer und getrocknetem Oregano würzen. Im vorgeheiztem Backofen bei 200–220 ° auf der unteren Schiene etwa 25 Minuten backen.

Kartoffeln mal ganz süß

Kartoffeltorte

Zutaten für 12 Stück (Springform von 22 cm ∅):
350 g Kartoffeln · 5 Eier · 300 g Zucker · abgeriebene Schale von 1 Zitrone, unbehandelt ·
115 g geriebene Haselnüsse oder Mandeln
Für die Form: Butter und Semmelbrösel
Pro Stück etwa 965 Joule/230 Kalorien

- Zubereitungszeit: 1 Stunde
- Backzeit: 45 Minuten

So wird's gemacht: Die Kartoffeln mit der Schale garen, schälen und noch heiß durch die Presse drücken oder nach Erkalten reiben. • Die Eier in Eigelb und Eiweiß trennen. Den Zucker mit dem Eigelb schaumig rühren, die Zitronenschale dazureiben. • Die Nüsse oder Mandeln und die Kartoffeln zugeben und alles zu einem glatten Teig rühren. • Die Springform mit Butter einfetten und mit Semmelbröseln ausstreuen. Den Backofen auf 180° vorheizen. • Das Eiweiß zu steifem Schnee schlagen und unter den Teig heben. • Den Teig in die Springform füllen und im Ofen auf der mittleren Schiebeleiste 45 Minuten backen.

Kartoffelhörnchen

Zutaten für 4 Personen:
250 g Pellkartoffeln, am Vortag gekocht · 100 g Butter · 150 g Zucker · 1 Ei · 250 g Mehl ·
1 Päckchen Backpulver · 1 Prise Salz · abgeriebene Schale von ½ Zitrone, chemisch unbehandelt · möglichst feste Marmelade · 1 Eigelb
Pro Person etwa 3 065 Joule/730 Kalorien

- Zubereitungszeit: 25 Minuten
- Ruhezeit: 30 Minuten
- Backzeit: 20 Minuten

So wird's gemacht: Die Kartoffeln schälen und feinreiben. • Die Butter mit dem Zucker und dem Ei schaumig rühren. • Das Mehl mit dem Backpulver mischen. Die Kartoffeln und das Mehl nach und nach in die Schaummasse einarbeiten. Mit Salz und der Zitronenschale würzen. Den Teig gut durchkneten und 30 Minuten zugedeckt im Kühlschrank ruhen lassen. • Den Backofen auf 220° vorheizen. • Den Teig auf einer bemehlten Arbeitsfläche ½ cm dick ausrollen und in Quadrate schneiden. Auf jedes Teigstück ein Häufchen Marmelade geben. Die Quadrate aufrollen, zu Hörnchen formen und mit verquirltem Eigelb bestreichen. Im Ofen auf der mittleren Schiene 20 Minuten backen. Frisch servieren.

Bayerische Maultaschen

Zutaten für 4 Personen:
1 kg mehlige Kartoffeln · 150 g Mehl · Salz ·
2 Eier · 100 g zerlassenes Butterschmalz ·
500 g säuerliche Kochäpfel · 125 g Zucker ·
200 g saure Sahne · ⅛ l Milch
Zum Ausrollen: Mehl
Pro Person etwa 3 780 Joule/900 Kalorien

- Zubereitungszeit: 1 Stunde und 30 Minuten
- Backzeit: 40–45 Minuten

So wird's gemacht: Die Kartoffeln mit der Schale garen, schälen und noch heiß durch die

Presse drücken. Abkühlen lassen. • Die Kartoffeln mit dem Mehl, etwa ½ Teelöffel Salz und den Eiern zu einem Teig verarbeiten. Aus dem Teig eine Rolle von 5 cm ∅ formen, davon 6 cm große Stücke abschneiden. Die Teigstücke auf einer bemehlten Arbeitsfläche tellergroß ausrollen und mit Butterschmalz bestreichen. • Die Äpfel schälen, vierteln, entkernen und in dünne Scheiben schneiden. • Den Backofen auf 200 ° vorheizen. Eine Bratreine gut mit Butterschmalz einfetten. • Die Apfelscheibchen auf die Teigflecke verteilen, zuckern und je 1 guten Teelöffel saure Sahne daraufgeben. Die Teigflecken vorsichtig aufrollen, hinten und vorne etwas einschlagen und leicht andrücken. Die Maultaschen dicht nebeneinander in die Reine legen und mit dem restlichen Butterschmalz bepinseln. Im Ofen auf der mittleren Schiene 40–45 Minuten backen. • Wenn die Rollen oben leicht braun werden, die Milch erhitzen und darübergießen. Weiterbacken, bis die Flüssigkeit aufgesogen ist.

Thüringer Kartoffelkuchen

Zutaten für 1 Backblech:
500 g Pellkartoffeln, am Vortag gekocht · 125 g Mehl · 125 g Butter · 3 Eier · 2 Eßl. Zucker · 1 Prise Salz
Für das Backblech: Fett
Zum Bestreichen: 75 g flüssige Butter
Zum Bestreuen: Zimt-Zucker
Pro Blech etwa 12 850 Joule/3 060 Kalorien

● Zubereitungszeit: 1 Stunde

So wird's gemacht: Die Kartoffeln schälen und in eine Schüssel reiben. Das Mehl, die Butter in Flöckchen, die Eier, den Zucker und das Salz zugeben und alles zu einem glatten Teig verarbeiten, eventuell mehr Mehl zugeben, wenn der Teig klebt. • Das Backblech gut einfetten, den Backofen auf 220 ° vorheizen. • Den Teig auf dem Backblech dünn ausrollen, mit knapp der Hälfte der flüssigen Butter bestreichen und im Ofen auf der mittleren Schiene 25 Minuten backen. • Den Plattenkuchen aus dem Ofen nehmen, mit der restlichen Butter bestreichen und mit Zimt-Zucker bestreuen. Heiß servieren.

Das paßt dazu: Apfelkompott

Marillenknödel

Bild 3. Umschlagseite

Zutaten für 4 Personen:
1 kg frisch gekochte Kartoffeln · 200 g Mehl · 2 Eier · Salz · 1 Prise Muskatnuß · 3 Eßl. zerlassene Butter · 500 g Marillen (kleine Aprikosen) · Würfelzucker (für jede Frucht 1 Stück) · 5 Eßl. Butter · 6 Eßl. Semmelbrösel
Pro Person etwa 3 760 Joule/895 Kalorien

● Zubereitungszeit: 1 Stunde

So wird's gemacht: Die noch heißen Kartoffeln abziehen, durch die Presse drücken und abkühlen lassen. Das Mehl und die Eier zugeben, gut durchmengen und die Masse mit Salz und Muskat würzen. Die abgekühlte zerlassene Butter in den Teig einarbeiten. • Aus dem Teig eine dicke Rolle von etwa 7 cm ∅ formen. Von der Rolle 1 cm dicke Scheiben abschneiden. • Die Marillen waschen, abtrocknen, einschneiden, entsteinen und mit je 1 Stück Würfelzucker füllen. Mit einer Gabel mehrfach einstechen. Jede Marille in eine Teigscheibe einschließen. Mit nassen Händen zu Knödeln formen. • Reichlich Salzwasser zum Kochen bringen und die Knödel darin 15–20 Minuten bei schwacher Hitze ziehen lassen. • Die Butter in einer Pfanne zerlassen und die Semmelbrösel darin unter Rühren in 3 Minuten goldbraun braten. Die Knödel gut abtropfen lassen und die Butterbrösel über die Marillenknödel geben.

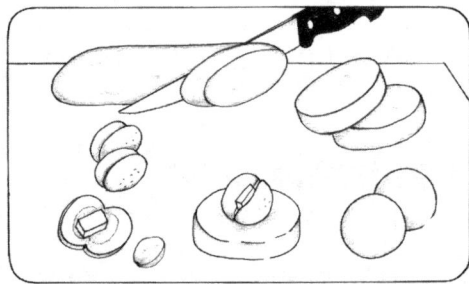

Für Marillenknödel eignen sich kleine reife Aprikosen besonders gut.

Variante: Aus dem gleichen Kartoffelteig können Sie Zwetschgenknödel zubereiten. Anstelle der Marillen Zwetschgen mit Würfelzucker füllen.

Pfannenpickert

Die Pickerts sind deftige westfälische Kartoffelkuchen, die meist in der Pfanne gebraten werden. Ob süß oder salzig zubereitet, eine Tasse Kaffee gehört immer dazu.

Zutaten für 4–6 Personen:
30 g Hefe · 4 Eßl. warme Milch · 1 Teel. Zucker · 150 g Rosinen · 1 kg Kartoffeln · 3 Eier · 3 Eßl. Mehl · Salz · Zum Ausbraten: Butter
Pro Person etwa 2435–1345 Joule/ 580–320 Kalorien

● Zubereitungszeit: 1 Stunde und 15 Minuten

So wird's gemacht: Die Hefe in die Milch bröckeln, mit dem Zucker bestreuen und an einem warmen Platz zugedeckt gehen lassen. • Die Rosinen waschen und in warmem Wasser quellen lassen. • Die Kartoffeln schälen, reiben und leicht ausdrücken. Die Eier, das Mehl und etwas Salz mit dem Kartoffelbrei verrühren. Die Rosinen abgießen und mit der aufgegangenen Hefe in die Kartoffelmasse mischen. Der Teig soll dickflüssig sein, eventuell noch etwas Milch nachgießen. Den Teig zugedeckt etwa 30 Minuten gehen lassen. • In einer Pfanne jeweils etwas Butter erhitzen und den Teig darin 1 cm dick portionsweise einstreichen. Die Kuchen bei mittlerer Hitze auf beiden Seiten je etwa 5 Minuten braten, bis sie hellbraun und knusprig sind. Heiß servieren.

Sächsische Quarkkeulchen

Zutaten für 4 Personen:
500 g Pellkartoffeln · 2 Eßl. weiche Butter · 75 g Zucker · 2 Eier · 1 Prise Salz · abgeriebene Schale von 1 Zitrone, unbehandelt · 250 g Magerquark · 2–3 Eßl. Mehl · 50 g Rosinen · 4 Eßl. Bratfett
Pro Person etwa 2310 Joule/550 Kalorien

- Zubereitungszeit: etwa 1 Stunde

So wird's gemacht: Die Kartoffeln schälen und feinreiben. • Die Butter mit dem Zucker und den Eiern schaumig rühren. Das Salz, die Zitronenschale und den Quark einmengen. Die Kartoffeln, das Mehl und die Rosinen zugeben, alles zu einem glatten Teig verarbeiten. • Aus der Masse mit bemehlten Händen kleine Keulchen (flachgedrückte längliche Klöße) formen. • Das Fett in einer Pfanne erhitzen und die Keulchen darin auf beiden Seiten bei mittlerer Hitze in etwa 15 Minuten goldbraun braten.

Das paßt dazu: Zimt-Zucker, Apfelmus oder ein beliebiges Kompott

Rupfhauben

Zutaten für 6 Personen:
250 g Pellkartoffeln · 500 g Mehl · 2 Eier ·
Salz · 50 g Butterschmalz · ½ l Milch
Pro Person etwa 2120 Joule/505 Kalorien

- Zubereitungszeit: 1 Stunde

So wird's gemacht: Die Kartoffeln schälen und feinreiben. • Das Mehl auf eine Arbeitsfläche häufen, in die Mitte eine Vertiefung drücken und die Kartoffeln, die Eier und Salz hineingeben. Aus diesen Zutaten, eventuell mit wenig Wasser, einen recht festen Teig kneten. • Den Teig zu einer Rolle formen, davon Stücke abschneiden und diese zu untertassengroßen Fladen von knapp 1 cm Dicke auswalken. • Das Butterschmalz und die Milch in einem gut verschließbaren, niedrigen breiten Topf aufkochen. • Die Teigflecke mit 2 Fin-

gern in der Mitte hochnehmen und wie Zelte dicht nebeneinander in die heiße Milch stellen. Den Topf sofort mit dem Deckel schließen, der Dampf hält die Hauben in Form. 30 Minuten bei mittlerer Hitze kochen lassen. Dann ist die Milch verkocht und die Rupfhauben haben eine schöne braune Farbe.

Das paßt dazu: eingemachtes Obst oder Kompott

Kartoffelschmarren

Zutaten für 4 Personen:
500 g Pellkartoffeln, am Vortag gekocht ·
3 Eßl. weiche Butter · Salz · 40 g geriebene Haselnußkerne · 3 Eier · 100 g Zucker · 50 g Korinthen · 4–5 Eßl. Bratfett
Pro Person etwa 2560 Joule/610 Kalorien

- Zubereitungszeit: 45 Minuten

So wird's gemacht: Die Kartoffeln schälen und feinreiben. Mit der weichen Butter, etwas Salz und den Nüssen vermengen. • Die Eier in Eigelb und Eiweiß trennen. Das Eigelb mit der Hälfte des Zuckers verquirlen und in die Kartoffelmasse rühren. • Das Eiweiß mit 1 Prise Salz zu steifem Schnee schlagen. Die Korinthen und den Eischnee unter den Teig heben. • Reichlich Fett in einer Pfanne erhitzen, den Teig portionsweise hineingeben und auf beiden Seiten zu hellen Pfannkuchen bakken. Die Kuchen mit zwei Gabeln zerreißen, den restlichen Zucker darüberstreuen und unter Wenden so lange braten, bis der Schmarren eine goldgelbe Farbe bekommt.

Das paßt dazu: Apfelmus oder Preiselbeerkompott

Rezept- und Sachregister

Kursiv gesetzte Seitenzahlen verweisen auf Farbbilder.

GU Küchen-Ratgeber

Alles, was gut schmeckt! Tolle Rezepte von gestern und heute. Die beliebten Küchen-Ratgeber – zum Sammeln wie geschaffen. Jeder Band mit 56–72 Seiten, 10–25 Farbfotos, vielen Zeichnungen, Paperback.

Wählen Sie aus:

- Köstliche Aufläufe
- Backen nach Großmutters Art
- Selber Brot backen
- Köstliche Ei-Gerichte
- Selber einmachen

- Köstliche Eintöpfe aus aller Welt
- Köstliche Fisch-Gerichte
- Reizvolle Fleisch-Rezepte
- Reizvolle Fondue-Rezepte
- Köstliche Geflügel-Gerichte
- So schmeckt's vom Holzkohlengrill
- Reizvolle Rezepte mit Käse
- Reizvolle Kartoffel-Gerichte
- Kochen mit Knoblauch
- Küchenkräuter selbst gezogen
- Köstliche Lamm-Spezialitäten
- Mixgetränke – mit und ohne Alkohol
- Nudel-Variationen
- Das praktische Pilz-Kochbuch
- Pizza, Calzone und Focaccia

- Plätzchen selbst gebacken
- Köstlichkeiten mit Quark und Joghurt
- Raffiniert würzen – leicht gemacht
- Reizvolle Rezepte für 1 Person
- Bunte Salate mit Variationen
- Köstliche Saucen selbst gemacht
- Gutes aus dem Schnellkochtopf
- Toast raffiniert
- Kochen mit Tomaten
- Vollkorn-Rezepte
- Wildgerichte – leicht gemacht
- Köstliches aus dem Wok
- Kochen mit Zwiebeln
- Chinesisch kochen – leicht gemacht
- Echt französisch kochen
- Echt griechisch kochen
- Indonesisch kochen – leicht gemacht
- Echt italienisch kochen
- Echt provenzalisch kochen

GU Gräfe und Unzer

Rezept- und Sachregister

Auch leckere Desserts lassen sich aus Kartoffeln ▷
zubereiten, zum Beispiel Marillenknödel. Rezept
Seite 67.